muhit KİTAP

MUHİT KİTAP: 62
Öykü: 10

BOZKIRIN ATLARI YAMAN ÖLÜR
ZEKİ BULDUK

Genel Yayın Yönetmeni
İbrahim Tenekeci

Editör
Selime Kahraman

Kapak Tasarım
Sema Türk Bayazit

Sayfa Tasarım
Adem Şenel

1. Baskı: Haziran 2021
ISBN: 978-625-7674-25-6

Basım Yeri
Turkuvaz Haberleşme ve Yayıncılık A.Ş.
Güzeltepe Mah. Mareşal Fevzi Çakmak Cad. B Blok Apt. No: 29/1/1
Eyüpsultan / İstanbul Tel: +90 212 354 39 09
Matbaa Sertifika No: 46403

muhit KİTAP
Turkuvaz Medya Merkezi
Turkuvaz Haberleşme ve Yayıncılık A.Ş.
Güzeltepe Mah. 15 Temmuz Şehitler Cad. No: 29 / 29-1
Eyüpsultan / İstanbul
Tel: +90 212 354 30 00
www.muhitkitap.com
info@muhitkitap.com.tr

BOZKIRIN ATLARI YAMAN ÖLÜR

ZEKİ BULDUK

muhit KİTAP

ZEKİ BULDUK

1973 yılında Kırşehir'de doğdu. İlk ve orta öğrenimini Kırşehir'de tamamladı. İstanbul Üniversitesi Türk Dili ve Edebiyatı Bölümü'nü bitirdi. Farklı okullarda Türkçe öğretmeni olarak görev yaptı.

Marmara FM'de Rahatsızlar, Seyr FM'de ise Seni Düşündüğümde Aklıma Neler Gelir adlı programların yapımcılığını ve sunuculuğunu yaptı.

2013-2014 yıllarında Tahran Üniversitesi Yabancı Diller Bölümü'nde Türkçe okutman olarak görev aldı.

2015-2018 yıllarında Mezar-ı Şerif TİKA Koordinatörlüğü, 2019 yılında Kosova-Priştine TİKA Koordinatör Yardımcılığında bulundu.

Kitap tanıtım ve eleştiri yazılarıyla başladığı yazın yolculuğunda ilk yazıları Kitap-Haber, Kırklar, Yedi İklim, Hece, Aykırı dergilerinde yayınlandı.

Evli ve üç çocuk babasıdır.

ESERLERİ

Kayıplar Kosova (Roman), Kosova Sokak Savaşları (İnceleme-Araştırma), Göçtü Kervan (Hikâye), Bozkırın Atları Yaman Ölür (Hikâye), Bağdat Düşerken (Roman), Züleyha (Hikâye), Müstesna Deliler Albümü (Biyografi), Tahran Mektupları (Mektup), Ayaküstü Sevişmeler (Roman), Evlat Babanın Sırrıdır: Afganistan Mektupları (Mektup)

İÇİNDEKİLER

ÖN SÖZ 7

I. BÖLÜM

BOZKIRIN ATLARI YAMAN ÖLÜR 11
YARIN OLMASIN 20
BİR KAPININ ÖNÜNDE ZAMAN DURUR 28
HALI TEZGAHI 36
SÜKÛNET 43
EŞİKTEN ÖTE 49
KAYIP HİKÂYE 55
ONURLANDIRAMADIKLARIMIZ 58
NİSAN KÖRÜ 62

II. BÖLÜM

ÇIĞLIK 69
ALAMETLER MABEDİ: HURAFELER KİTABI 72
ZIMAGRAS 74
SÜRGÜN KRAL 75
KAPLANIN RÜYASI 78

III. BÖLÜM

ZOR 83
ONUN ÖLÜMÜ I 87
ONUN ÖLÜMÜ II 91
BÜLBÜLÜN AHI 94

IV. BÖLÜM

KAHIR DAMININ BACASI YOKTUR 99
KALANLARDAN 101
BİR DARBENİN İZİNİ SÜRERKEN 100
BİR BEKLEYİŞ ÖYKÜSÜ 102
HİLELİ KAĞAN 104
KAYIP SULTAN 108
GİRDAP 122
GİDE GİDE 136
GELİN KINASI: ÇOCUKLUĞUN ACIKLI ÜLKESİ 141

SON SÖZ 189

ÖN SÖZ

Babam bir gezgindi. Ondan yol hikâyeleri dinleyerek öğrendim yolculukları. Gittiği yerlerden darb-ı meseller, ömür boyu unutulmayacak sözler getirir, bu sözleri lüzum gördüğü zamanlarda hafızamıza kazırdı. Lüzum gördüğü zamanlar, genellikle hata yaptığımız vakitlere denk düşerdi. Ya da bizim için ilk olan, yeni karşılaşacağımız bir durumda söylerdi mesellerini.

İstanbul'a geleceğim günlerdeydi. Babam uzun bir yolculuktan dönmüştü. Anam Kadın'a kalırsa, "öteki"nin yanından dönmüştü. Güya babam Adana'da bir kadınla evliymiş, hatta iki de çocukları varmış. Gideceğimi öğrendiğinde gözlerimin ta içine, delercesine baktı. Ben gözlerimi ne kadar kaçırdımsa da ısrarla bakmaya devam etti. Sonunda: "Evlat! Hiç ava çıktın mı? Hiç can aldın mı?" dedi. Babamı kurban keserken çok görmüştüm. Bir canlının canını almaktan başkaydı kurban kesmek. Gençliğinde bir iki bıçaklamayla hapse düştüğünü Anam Kadın anlatırdı ara sıra. Ama bir yaralı atı mavzerle öldürüşü, bir de harmana giren danayı vuruşu gözümün önünden gitmez... Dalıp gittiğimi görünce: "Oğlum, sana ahiret sorusu sormadım. Ava çıktın mı hiç?" dedi. "Çıktım baba! Ama o ördeği vurmak için ateş etmemiştim. Rastgele bir atıştı..."

I. BÖLÜM

BOZKIRIN ATLARI YAMAN ÖLÜR

Tam da sırasıydı ya! Kalmış yolda iki ihtiyar. Almasan, vicdanın el vermez; alsan, çenelerinden kurtulamazsın. Kim bilir ne çok şey konuşurlar şimdi. Eh, alacağız tabii. Bir de şu fukaraların bedduasıyla yüz göz olmayayım. Sanki tanır gibiyim bu yüzleri... Hiç de buranın insanına benzemiyorlar. Buraların insanını çok iyi bilirmişim gibi! Arabada sigara da içirtmezler şimdi. Gözümü yoldan ayırsam velveleyi kopartırlar. Sigarayı yakıp da şu engin bozkırı içime çeke çeke seyredemedikten sonra... Neyse.

"Aleykümselam amca. Ben de o tarafa gidiyorum. Buyrun... Bırak teyze, onları ben yerleştiririm. Yok, buralı değilim. Bir arkadaşım için gelmiştim. Ziyarete ya, mübarek yakıp kavuruyor. Nerede rahat edecekseniz oraya oturun, araba sizin. Sizin de mi vardı? Ben de Murat 124'e kimse binmez artık diyordum. Ne zaman? Neredeyse benimle yaşıtmış. Öğretmenlik yıllarında mı? Şimdi burada dur Amca Bey! Meslektaşız öyleyse. Diyarbakırlıyım. Evet, çok uzak. İstedim ama görev yerim Kırşehir'e çıktı. Nasip."

Neresi nasip? Ankara'ya kaç kere gitmedin, illa da Kırşehir olsun diye. Söz vermiştim. O, "Diyarbakır Yöresi Halk Türkülerinde Ölüm Teması" adlı tezini Çermik'te, bizim viranede hazırlarken söz verdirmişti: "Ben sizin maralların peşinde çok koştum, sen de bizim atların peşinde koşsan biraz, ne kaybedersin?" demişti de bunun üzerine söz vermiştim. Ne "Sarıkaya Türküsü"nde ne "Hacı Kızın Ağıdı"nda ne de

"Alo'nun Derdi"nde atlar vardı. Bir tek "Zebey Gelinin Türküsü"nde vardı atlar. Zaten Zebey Ana da O'nun ninesiymiş ya...

Kâtibe yanarım eller kâtibe
Tumar verir davarının otuna
Gözümün önüne duman dikildi
Çöllo Emmim bininceğiz atına

O'nun dedesiydi Çöllo. Gerçi asıl dedesi Onbaşı'ydı; Çöllo da onun ağabeyi. Zebey Ana, "Alo Ağam pek yiğitti," derdi. En büyükleriymiş Alo. "İnce hastalıktan gitti," demişti bir seferinde. Ben şimdi nasıl anlatayım Muallim Amca'yla hanımına bu bozkırın bor atlarının, bir de hikâyelerinin güzelliğini? Kim bilir ne için geri geldiler. Dur yahu! Bu köyde, Onbaşı'nın köyünde öğretmenlik yaptım dememiş miydi? Şu tezi bitirsem de doğru dürüst gezebilseydim "çöl köyleri" dedikleri bizim Diyarbakır göçmenlerinin köylerini de. Muallim Amca'da da amma laf var! Biliyorum amca, biliyorum safkan atları da, arıları da, bostanları da, Yeraltı Şehri'nde gömülü manda derisi dolusu altını da? Hoppala!

"Ne oldu evladım? Neden durdun. Yanlış bir şey mi yaptık?"

Arabada pürüz yok da yoksa biz yanlış bir şey mi söyledik, diye düşündüm.

"Nereden mi biliyorum? Ben bilmeyeyim de kimler bilsin Onbaşı'nın arılarını, Nevres Amca'nın Yeraltı Şehri'ne traktörle girişini, bu yörede bir zamanlar yetişen en güzel kavunların tadını. On beş sene kaldım o köyde. Kaç sene mi oldu tayin olalı? Bir on beş sene oldu ama gel teyzenle bana sor, ayrı kaldığımız bunca zamanı. Düğüne, Onbaşı'nın kız torunu olduydu bizim ayrıldığımız sene, O'nun düğününe gelmiştik. O köyün safkan Arap atları vardı. Anadolu'da bu atların olduğu köyler sayılıdır. Bizim görev yaptığımız yıllarda en iyi atlar Onbaşı'yla Çöllo Ağa'nınkilerdi. Çöllo Ağa'nın Arab'ına bir tek Ahraz binerdi. Hatırlarım... İlk zamanlar kolay olmamıştı Ahraz'ın ata binmesi. Gözünün önündeki atı sağır da olsa, dilsiz de olsa görüyordu işte... Huysuz, kuyruğundan kıl aldırmayan, neredeyse bir yılkı atıydı. Köylüden utanmasam ben de binecektim kızıl ata ya haydi varsın gitsin! O su gibi akıp giden ata binemedim. Onbaşı'nın atları... Onlar kadar uysal, o atlar kadar tımarlısını ömrümde görmedim. Harmanyeri'ne bırakırlardı atlarını. İçin için kızardım Onbaşı'nın torunlarına. Güzelim atlar böyle ulu orta yerlere bırakılır mıydı? Hele başlarında birisi durmayınca kim bilir neler olurdu? Olmadı mı? Oldu da... Onbaşı'nın koca at, yanında bir aylık tayıyla başını alıp gitti de iki gün sonra hayvancağızları Sarıkaya'nın ardındaki kuyularda, o pancar kuyularında buldular. Onbaşı ortanca torununa verip veriştirdi onca zaman. 'Korkak! İki ata sahip çıkamadın. Yarın kim bilir nelerine sahip çıkamazsın!' diye. Ortanca torunu da o sene üçüncü sınıfların birincisiydi. Hey kerata hey! Üniversiteye başlayana kadar, 'Sevgili Hocam' diye başlayan kaç mektubu gelmişti? Ben unuttum, Emine bilir..."

"Nuri'yi de beni de yere göğe sığdıramadıkları bir sahiplenmeleri, bir misafirseverlikleri vardı. Kadınlarını bilirim: Beklemekte sabırlı, çile çekmede ustalaşmış, yufka ekmekleri kadar tülden yürekleri vardı. Biçercinin ikinci karısıyla, Onbaşı'nın gelinine çok giderdim. Onlara gitmeme Nuri de kızmazdı. 'Ferik' derlerdi biçercinin ikinci karısına. Mersinli'ydi. Dünya âlem güzeli, gezmedik yer, görmedik dert bırakmamış babayiğit bir deniz kızıydı. Bahçesinde gül biten tek ev onunkiydi koca köyde. Bir de Onbaşı'nın gelini gül fideleri almıştı ondan. Onun kara oğlu, Nuri'nin Onbaşı'nın ortanca torunu dediği, sulaya sulaya fideleri göğertmişti.

Ben de çok erik çekirdeği verdim ona. 'Örtmenim, sizin zerdaliler büyüyor' derdi zaman zaman."

"Atların kaybolduğu gün Onbaşı'nın evindeydim. Ben oradaydım diye fazla bir şey demediler. Onbaşı küplere binmiş, torununu bulsa hayfını alana kadar dövecekti. Gelinin yüzü kıpkırmızı olmuştu. Onun, 'Ben bilirim Onbaşı'nın gazabını. El kadar çocuğa kim bilir neler yapar,' diye korkudan ödü patlıyordu. Öbür gün okulda derse girmeden çocuğu çağırdım. Neler olduğunu sordum. Önce hık mık dedi, sonra da ağlaya ağlaya anlattı. Dedesi dövmemiş ama ağzına geleni söylemiş. 'Örtmenim, atların yanında durmadım. Orada İnat Omar vardı. Ondan korktum da atların yanında duramadım,' demişti çocuk. İnat Ömerlerle dargındı Onbaşıların sülalesi.

Mektuplar... İlkokuldan sonra okusun diye evdekileri ikna ettik diye midir, vebalden mi, yoksa sever miydi bizleri bilmem ama Onbaşı'nın ortanca torunundan her karne zamanı mektup aldık üniversiteye başlayana kadar."

"Tekerleklerin türküsünü duyuyor musun Emine? Sanki yanımızdan Onbaşı'nın at arabası geçmiş gibi hissettim birden. Kaç sene evveldi; on beş mi, yirmi mi? Damların üzerine çorak toprak atarlardı, hatırlıyorsun değil mi? O kasaları resimli at arabalarıyla getirirlerdi çorak toprağı. Kürt köylerinden gelip çorak toprağı götürenler de olurdu. Hem de bizim garip, köyden ayrı kurulmuş lojmanın önündeki yoldan geçerlerdi. Önce Kürtler pes etmişlerdi. At arabalarının yerine koca koca, mavi renkli Fordlarıyla gider olmuşlardı çorağa. Bizim tayinimiz çıktığında Onbaşı at arabası kullanmakta, bir de damları çatı yaptırmamakta diretiyordu; köye inat. Başka adamdı Onbaşı! Oğlum, Emine Teyze'nden utanacak değilim! Onbaşı pek hovardaymış gençliğinde. Kervan rehberliği, adam yaralama, yıllanmış şarap eksperliği, kız kaçırma, silah kaçakçılığı... Var Allah var! Köylüler derlerdi ki:

'Derdi var da dertlendirir Onbaşı.' Zebey Ana'yı kaçırmış, pek de sevmiş. Lakin, gel gör ki çocukları olmamış. 'Derdi, evlatsızlık' derlerdi. Ne zaman ki ağabeyi Alo en küçük oğlunu Onbaşı'ya evlatlık vermiş, o günden sonra durulmuş. Hacca gitmiş. Şaraba, silaha tövbe etmiş. Koyunlar, atlar, bir de o güzelim arıları varmış artık onun için. Emine! Eve varınca hatırlat da Onbaşı'nın yüzü suyu hürmetine Tekerleklerin Türküsü'nü bir daha okuyayım. Bilirsin Onbaşı muhacirleri, Bulgarları, bir de Kürtleri çok severdi."

Sevdim seni Nuri Hoca! Kıyak adammışsın doğrusu. Arabaya alırken dokuz doğurdum gerçi ya, değdi doğrusu. Ne derseniz deyin, ben bir sigara yakacağım. İki yıldır civar köylerde atların nal seslerini gezdim, bir delikanlı dosta verilmiş söz adına. O da demedi ki, "Nuri Hoca'yı bul," diye. Eh, kolay değil; hatıralarını yeniden yaşatacak dostuna ya… "Bedel" derdi: "Bedelini ödemediğimiz hiçbir şey bizim değildir." Öyle ya… Çocukluğunun bedelini ödeyemediğine, adam akıllı bir kavga yapmadığına, çocukça bir bostan soygununa katılamadığına yanardı. Çocukluğu bostan bekçiliği, kuzu gütmek, arkadaşsızlık arasında geçmişti. "Keşke ilkokul bitmeseydi de öğretmenlerimden ayrılmasaydım," demişti bir keresinde. Hey yavrum hey! Onun çocukluğunu külüstür Murat 124'te taşıyorum da farkında değilim. Şu babacan adamla hanım teyze dokundu onun çocukluğuna.

"Yok, evladım söndürme! Misafire ikram yok mu? Efkârlandın, hayırdır? Belli canım. Senin gibi bir delikanlıyı aşk derdi kolay yıkmaz. Ne zaman? Ne kalmış ki şunun şurasında, dört ay. Askerlik de tamam. Oh, ne âlâ! Ben evlendikten üç ay sonra askere gittim. O günleri Emine Teyze'ne sor… Tamı tamına iki sene. Size ne var? Kısa dönem mi? Ne gezer… Kıbrıs Harbi zamanı öğretmen de, çiftçi de, mühendis de aynı yaptı askerliği. Askerlikten sonra tayinimiz o köye çıktı. Ya, hayatı o bozkır köyünde, Dulkadiroğulları'nın sonuncularından öğrendik. Güya öğretmen gitmiştik oraya. İhtiyarları allame, delikanlıları el pençe divan duran, kadınları da teyzen bilir... Köy odası vardı bizim zamanımızda. Şimdi ne gezer! Emine sen de gördün değil mi o yıkılasıca kahveyi? Ne o öyle, köyün girişinde Deli Dumrul gibi duruşu? Çağırdılar da gitmedim. Hamza Amca'nın büyük odasıydı köy odası. Hey gidinin Hamza Ağa'sı!.. Bir yanına felç inmiş. Bizim zamanımızda evi yanmış, ortanca oğlu daha yirmisinde can vermişti de yıkılmamıştı. Ah evladım ah! Kolay mı insanın bıraktığı gibi bulamaması koskoca bir köyü. Ne köyü yahu? Üç evladımız da orada doğdu. Zamanında gençleri, kardeşim arkadaşım; ihtiyarları, amcam dayımdı. Aman Emine! İki sigara içtik diye sen de çok görme. Çocuk dertli, ben dertli. Sanki sen biçercinin karısını görmeyince, Onbaşı'nın gelinini ihtiyarlamış görünce dertlenmedin mi? Ya okul? Lanet olsun be! Görmedin mi ne yapmışlar güzelim okula? Gençler köyü boşalttı diye kapısına kilit vurmuşlar. Okul ha yıkıldı ha yıkılacak. Ağla Emine'm ağla! O güzelim bahçeyi kaç beden eğitimi dersinde, kaç müzik dersinde adam ettiğimizi bir Allah bilir, bir de o ağaçları diken çocuklar. Evladım sen de anlarsın ilerde emek verdiğin çocukların kayboluşunu fark edince, ilk öğretmenlik yerinin acısını! Nereye gitti o kara kuru kızlarla oğlanlar? Teyzen okula giremedi. Muhtar Mustafa'yla gezdik. İnanır mısınız, benim zamanımdaki camlı dolap sapasağlam duruyordu! Hatta içinde benim zamanımdan kalma Ömer Seyfettin hikâyeleri vardı. Yok, yanıma almadım. Ne yapayım, onlar o köye, o sahipsiz bırakılan okula aitler."

Ağla be Nuri Hoca, ağla! O da az ağlamadı okulunu anlatırken. Ama sana nasıl söyleyeyim, o hikâye kitaplarını yıllarca yanında taşıdıktan sonra, "Bunları aldığım yere bırakmaya, köye gidiyorum," diye, iki yıl önce, okul kapatıldığında yerine koyduğunu. Muhtarın oğluyla girmişler sınıfa. İlkokul dörtte de birlikte nöbetçi olurlarmış o oğlanla. Okul defterlerinin bir köşesine, Türkçe dersinde okuma yanlışları için yer ayırmışsınız da, öğrencilerin her yanlışı için bir çizik atıyormuşsunuz. Her ay sonu ya muhtarın oğlu ya da o, "en az yanlışla" okuma birincisi oluyorlarmış. Anlamamışsınız çevirdikleri oyunu. Bir kız yakalamış en sonunda. Eh tabi, o ayın birincisi doğal olarak o kız olmuş. İşin tuhafı o kız her ay sonuncu olurmuş okumada. Kütüphane kolu başkanı 42 numara Mansur Y. olduğu için, bu lütfu ilkokulda ona bağışladığınız için sizi çok anardı. Bunları size anlatıp da bir de ben mi ağlatayım Hocam?.. O köy odasında, kuzu güdenlerin her kış bir gece oynadığını hatırlatmanın ne yeri ne de zamanı şimdi. Ama onu kız elbiseleri içinde görüp de o zamanın en büyük parası olan 100 TL'yi alnına yapıştıran Nuri Hoca'nın yüzünü görmek isterdim. Eminim şimdi yanımda oturan insan kadar hüzünlü bir çehre olmazdı o yüzde. Öğrencisi, hem de bir erkek öğrencisi köçek gibi oynarken, eminim onun anlattığı sert öğretmenden eser kalmamıştı.

"Nuri, çocuğa, Çöllo Ağa'nın o atına, Kızıl'a ne olduğunu anlatsana! Niye mi? Evladım, o atı kıskandım. Bir kadın bir atı kıskanır mı deme. Aha bu, benim Nuri pek severdi Kızıl'ı. İnan, o atı o kadar severdi ki, bir kadını kıskanır gibi kıskanırdım Çöllo Ağa'nın atını. Niye kızıyorsun? Eh işte, delice bir şeydi atı kıskanmam. Ama hak ver, sen de pek severdin o bahtsızı."

"Bakma sen teyzene. Huyudur. Yara kavlatmayı, bir de beni deşmeyi pek sever. Adam olmayı o köylülerden öğrendimse, yufka yürekli olmayı da teyzenden öğrendim. Yalan mı? Çocuklara sert davranma diye diye avucum için için yandı. Neymiş; kızlara tokat atmışım. İyi ki küsmüşsün bir hafta bana. İnanır mısın oğlum, o günden sonra çocukların çehresi değişti gözümde. Önceleri hepsini bir görürdüm, sonraları ayrı ayrı yüzlerini, yüreklerini görür oldum. Kızıl, Kızıl deyip yarama vurursun ya, nafile! Bak senin kızıl saçlarını başkaları görüyor diye az mı kıskandım!.."

Emine Teyze, sen de amma sulu gözmüşsün. İlk kez mi duyuyorsun?! İnsan insandan, hem de yanındakinden yıllarca saklarmış ha en kıymetli kıskançlıkları. Şimdi şu insanları konuşturmanın ne ıstıraplar doğuracağını bilmeyecek kadar cahil değilsin. Üf be! Arabanın içine de sessizlik bombası düştü sanki. Ne olacaktı aslanım, yılların Emine öğretmeni iki yabancının yanında olma duygusuyla; yıllardır Yemen'den dönmeyen sevdiğini birden karşısında gören âşık arasında bocalarken... O da bocaladı. Bir Kızıl'ı bir de turnayı anlatırken. Nevres Amca'nın traktörü bozulunca Hatçe Ana, -Deli Hatçe derdi- 'Kızıl'ı arabaya koş da değirmene git' demiş Çöllo Ağa'ya. O da biraz Kızıl'a benzerdi: Dellendi mi dizgin tutmazdı. Koşmuş Kızıl'ı arabaya. At köyü ayağa kaldırmış. Ardında boş arabayla, almış başını çorağa doğru dörtnala koşturmuş. Kimseler tutamamış. Yük taşımayı kabullenmeyen safkan Arap atı Kızıl, çorağın bataklık suyuna batırmış kızıllığını!

Tanıştığımızdan bir sene önce kesmiş Nuri Hoca'ya mektup yazmayı. "Turnanın yüzünden; yok yok benim yüzümden!" demişti. "Öldürmemeyi öğrendiğim adama ne diye yazayım. Elimin kanıyla mı?" diye kafasını yerdi, ben "Hocana mektup yazsana," diye üsteledikçe.

Rastgele ateş etmiş. Sanki turna kurşuna doğru gelmiş. Kurban Bayramı'ymış. Kurbanda günah işlediğine inanırdı. İşin kötüsü, çocukluğunda kuyuya düşen atların boğulduğu kuyu mevkiinde vurmuş turnayı. "Ben iflâh olmam, bu turnanın ahı tuttu. Hem de erkek turnaydı vurduğum. Dişisi şehre varana kadar peşimi bırakmadı. Ben şehirde kayboldum ama turnanın ahı beni burada da buldu," dediğini unutmam.

Neyse ki Nuri Hoca başladı.

"Tüh be! Yol da bitti.

Aradım o şahin yiğit erleri
*Yattıkları yerden nişan kalmamış.**

Düğünün de tadı yoktu evlat. Niye mi? Onbaşı zaten göçmüş gitmiş. Kızın babası gelin çıkarken geldi. Ağabeyi dersen, hayırsız! Yalnız bizi değil ailesini de unutmuş. Hani ne derler, 'Düğün düğünse, gir oyna çık oyna / Düğün düğün değilse, gir ağla çık ağla.' Ne atlar, ne kovan kovan arılar, ne bostanlar... Yoktu hiçbiri. Yerli Malı Haftası'nda Mansur getirirdi o baldan. Tadı hâlâ damağımda ama kovanlar boştu düğün evinde. Emine! Silah da sıkmadılar, sen duydun mu hiç? Ya öyle. Adetleri pek de cevvaldi. Kovanlar tıkır tıkır dökülürdü silahlardan da çocuklar onları civciv gibi toplarlardı. He ya! Ahraz kovalardı o çocukları; Ahraz da yok artık!"

"Sizleri çok severdi Hocam. Hem de Ahraz Amca'sını sevdiği kadar."

"Nereden biliyorsun?"

"Okulun sobasını Ahraz'ın yaktığını nereden biliyorsam, bunları da oradan biliyorum."

"Dur şimdi! Hikâye değişti. Evimize gel. Baştan anlat ne bildiğini. Sahi, Mansur'u nereden tanırsın?"

"Müsaadenizle hocam. Atların peşinden gitmeliyim. Verilmiş bir sözüm var. Tekerleklerin Türküsü beni çağırıyor. Nasipse eğer, bir gün size de uğrayacağım."

"Emine, bu araba kız evinin orada değil miydi?"

"Doğru, oradaydı. Kızın ağabeyinin arkadaşının arabası diyorlardı."

"Arabaya binerken bir şey mi dedi?"

"Tekerleklerin Türküsünü duyuyor musun Hocam?"

---

* Rıza Tevfik Bölükbaşı

YARIN OLMASIN

Yusuf'a

Anam Kadın, "Ağlama!" derdi. Ne zaman ağlayacak olsa, yüzü kıpkırmızı kesilir, dudaklarını ısırır, yine de ağlamazdı. Oğullarının ağladığını gördü mü küplere binerdi. Haksızlığa uğradığında insan nasıl ağlamak isterse, içinden gele gele, öyle zamanlarda bile kızardı bize. İki tokat da ondan yer, hıçkıra hıçkıra büzülürdük bir kenara. Ebem Kadın'sa: "Vicdansız! Bir de sen niye vuruyorsun çocuklara?" der, onu paylardı. O sırada biraz daha zırlar, sonra da susardık. Bizim tersimize bacımızı çok ağlatmıştır. Durduk yere kıza iş çıkarır, işin yarısında varıp: "Daha bitirmedin mi? El kapısına gidince de böyle edersen, seni kapının önüne koyarlar," diye başlardı bacımızı dövmeye.

Anam Kadın'ın en eski fotoğrafı ilkokul forması içinde, teyzesinin kızıyla el ele tutuşmuş, şaşkın, büyümüş kara gözleriyle fotoğrafçıya bakan bir kız çocuğu. Fotoğraftaki kız tıpkı bacıma benziyor. Bacım da ilkokuldayken fotoğraftaki kızın gözleriyle bakıyordu hayata. Onun ilkokul fotoğrafında sadece forma değişik; mavi renkli. Elleri formasının cebinde, utangaç bir gülücük var yüzünde. Anam Kadın'ın doğduğu dünyaya doğmadı o. Daha renkli, daha kalabalık, daha ışıklı bir dünyaydı bacımızın gözünün önünden akan hayat. Anam Kadın bacımızın çeyizini hazırlamaya her oturuşunda yılları nakşederken kanaviçelere, bir taraftan da gözü her daim ıslak kızının dizine, bir de kendi yüreğine vururdu.

Büyük ağabeyim senede beş altı sefer gelir köye. Üç çocuğu var; iki kız, bir oğlan. Küçük kız da Anam Kadın'a benzer. Neredeyse bacımdan daha çok benzer. Anam Kadın iki kız yeğenimi yanına alıp yalancıktan dertleşirken çok laf atar bana: "Şu uşaklar bile senden iyi laf dinliyor," diye. "Aman ana! Uşak işte. Bugün buradalar yarın başka yerde. Sen bana bak. Bu eve de, size de bakacak olan ben değil miyim?" diye, içimden geçiririm. Ama yine de gönlüm kalır attığı laflara. "Baban gibisin!" der, arada sırada. En çok da bu sözüne içerlerim. Babam, gitti mi iki üç sene gelmez, gittiği yerden aramaz; geldi mi iki üç gün kalır, gelişi gidişi hiç belli olmaz. Ben öyle miyim? Doğdum doğalı aha bu köydeyim işte! Senede bir şehre götürürler, üst baş almaya. İki gün, bilemedin üç gün kalırım; şehirli kızlarmış, sinemaymış, kahvelermiş, çarşılarmış... Hiçbirini görmeden geri getirirler.

Küçük ağabeyim, senede bir o da bayramda gelir. Ben bildim bileli okuyor. Daha ne zamana kadar okuyacak, kendi de bilmiyormuş. Anam Kadın nedense ona hiç kızmaz: "Kendi yağıyla kavruluyor," der, yine de her bayram güç bela toparladığı yağı, peyniri, salçayı, bulguru ona verir. Benzerlikse, babama küçük ağabeyimden âlâ benzeyen dünyada bulunmaz. Bir de tutar Anam Kadın bana: "Baban gibisin!" der, keser atar. Neymiş, o da çok konuşurmuş. Konuştuğunu duyan olsa bari. Babam gelince köyün içinde kayıplara karışır, küçük ağabeyim gelince dedemin odasındaki kitapların içine gömülür.

Nedense bacım da küçük ağabeyimle babamdan yanadır. Bir sefer babamın ağzından: "Kız evladı yangılı olur. Ben ölsem şu kızdan başkası ağlamaz. Siz, ölsem de ardımdan ağlamazsınız aslanım!" dediğini duymuştum, ağabeyimle konuşurken. Zaten her eve gelişinde bacımdan başkasına hediye getirmezdi. Ne olurdu bir sefer de bana hediye alsaydı.

Bir kör bıçağa, bir paket Maltepe'ye bile razıydım. Olsun, ben bayramları yine de seviyorum. Ağabeylerim, emmi uşaklarım, arkadaşlarım, hepsi geliyorlar köye. Babam bana bir hediye getirmiyor ama ötekilerin bana verecek bir şeyleri mutlaka oluyor. Tespih, bıçak, sigara, tişört, şapka, cep radyosu veren bile oldu. Bir seferinde kamyoncunun oğlu süslü bir kız saati getirdi: "Al bunu, sevdiğine verirsin," dedi. Sevdiğim, sığır çobanının kızı. N'olmuş? Ben de koyun güderim! O sıralar bacım kızın ne saati vardı ne saat alacak hısımlarımız. Benimkine versem zaten kimse bir şey demezdi. Onu sevdiğimi dokuz aşiret biliyordu ama bir anam oralı olmuyordu. Saati tuttum bacım kızın bileğine taktım. O da anam gibi: "Bunu nereden aldın? Karşılığında ne verdin? Anam seni öldürür," diye seslenince: "Takıyorsan tak. Ağabey hediyesine sorgu mu soruyorsun?" diye kızınca aldı. Ama o saati üç sene takmadı. "Niye takmıyorsun," diye sormadım. Biliyordum anamdan korktuğu için takmadığını.

Ben koyunları dağa çıkartmıştım bacım kıza talip geldiklerinde. Bir Allah'ın kulu da çıkıp "Bir de köydeki ağabeyine soralım," dememiş. Ötekilere telefon edip sormuşlar. Ne vardı sanki bir uşak gönderip bana da sorsalardı? Neyse ki oğlanı tanırdım, severdim. Zaten bir taraftan hısım akrabaydık.

Bacım kız nişanlandıktan sonra yüreğime iki kurt düştü. Biri bana biri de bacım kıza bakıyordu. Dedem geçen sene öldüğünde de böyle olmuş, tüm koyunların derdi başıma kalmıştı. Rahmetli beni döverdi, amma hakkını vermek lazım, babalık da yapmıştı. Koyunları olmasaydı nasıl doyardı koskoca ev ahalisi. Büyük ağabeyime kurbanlık, okuyan ağabeyime harçlık, büyük evin dertleri, hepsi kurban olduğum koyunların sırtından geçiyordu. Dedem rahmetli bilirdi hangi koyunun hangi yarayı saracağını. Bana da o öğretti kuyruğuna kurt düşen, boğazını canavar parçalayan koyunları iyileştirmeyi. Bazen sürüyü onun yattığı mezarlığın yanından geçiriyorum. Sert, keskin, hem de ritimli bir ıslık duyar gibi oluyorum. Bir mezarlığa bir de tuz taşlarına doğru bakıyorum; hani koyunlar iyice su içsinler diye tuz verdiğimiz düz taşlara... Gözlerim ıslanıyor. Sanki koyunların da ağladığını sanıyorum o zaman. Onbaşı'nın Hacı, babası Osman Onbaşı'nın yanında yatıyor. Olsa da beni dövse, bin kez razıyım vallahi! Ağabeylerimin, hele babamın gelip de bakmadığı koskoca evin umuru bir Anam Kadın'ın, bir de benim üzerimde.

Hatçe ebem de öldü. Ölün aslanım ölün! Koskoca köy bana mı kalacak. Çöllo dedem türkü üstüne türkü yakıyor. Dinlemeye yürek ister. Geçen gün onlara gittim. Aldı kavalı eline. "Deli oğlan, Hatçe ebene su götürüyon mu?" dedi. "He dede. Götürüyorum," demez olaydım. "Deli oğlan da Hatçeme su taşır," diye başladı türküye. Hey gidi Çöllo dedem hey! Hatçe ebemden evvel iki hatun eskitmiş. İkinci öldükten sonra Kürt hısımlar yasa gelmişler. Dedem hem dertli hem de yalnız. Ne yapsın? Ölen karısının bir entarisini almış, çıkmış hısımlarının karşısına. Çöllo dedem iyi Kürtçe bilir, başlamış ağıda. Hısımlar türküyü dinledikçe gülüyorlarmış. Bizimkilerden biri varıp: "Ağalar niye gülüyorsunuz? Bu adamın karısı öldü, siz de yasa gelmediniz mi?" deyince, Kürt Hamo: "He valla. Biz yasa geldik ama Çöllo, 'Bu boydanın içini dolduracak bir dulunuz yok mu?' diye türkü çığırınca gülmeyip ne yapalım?" demiş. İşte o entarinin içini Hatçe ebem doldurmuş, tam elli küsür sene.

Çöllo dedemden iki kaset doldurdum. İkisini de okuyan ağabeyim götürdü: "Sen buradasın. Yine doldurursun," dedi. Ağabey kırılır mı? Hele okuyan ağabeyi kırmak hiç yazmaz benim kitabımda. Sağ olsun, bazen pahalı sigara, bazen züppelerin giydiği yan cepli pantolonlar getirir. Yazıda yatarken iyi oluyor. Askerde de bu pantolonlardan giymiştim. Anam kadından habersiz ağabeyimin kitap dolu odasına girer, bir sigara yakar, duvardaki resimlere bakarım: Okul arkadaşları, asker resimleri, Arapça yazılar... Bir de kendi yazdığı kitap var odasında. Bu odada yazdıydı. Bir taraftan büyük ağabeyimle dedeme -hastaydı- bakıyorlar, bir taraftan da anlamadığım türküleri dinlerken yazıyordu. Ha! Ben okumayı bilmem. Ali okulunu bitirdim bitirmesine; iki tavuk bir de kuzuya mal oldu. Ağabeyimin yazdığı kitabı okuyamıyorum diye çok içerledim. Öteki kitaplar varsın onun olsun! Bir tek yazdığı kitabı okusaydım, ne güzel olurdu...

***

Bu bayram gününde, herkesin içinde, elâlemin gözü önünde ben anamdan, anam benden kaçtı köşe bucak. O da, bende ebemle didişir dururduk. Bacım kız olmasaydı ebem kimseyle konuşamazdı. Bugün de, elâlemin güldüğü, oynadığı günde bir bizim evde neşe yok. Ne yaptığımı bilmeden ebemle üç sefer bayramlaşmışım. Yeğenlerime cebimdeki harçlığın hepsini vermişim, daha öğlen olmadan ikinci paketi yarılamışım... Ne yaptığımı bilmiyordum. Arada bir büyük ağabeyim gelip: "Git biraz yat. Gözlerin kan çanağı olmuş. Uykusuz musun?" dedikçe: "Yok bir şeyim. Bacım kız gidecek. Sen anlamazsın. Sen gideli on yıl oldu," deyip başımdan savıyordum. Bacım kız yarın gelin olacak. Oğlan tarafı öğle ezanını bekliyor. Bayrağı dikecekler. Davulcular çoktan gelmiş. Bugün benim sürüden iki kısır koyun götürdüler, düğün için.

Bir dedem öldüğü günkü rüyayı, bir de dün gece gördüğüm rüyayı unutamam. Rahmetliyi defnettikten iki saat sonra büyük ağabeyim, gece de okuyan ağabeyim geldiydi. O gece hepimiz ağladık. Anam Kadın da ağladı. Baygınlaştığımı gören emmioğlum beni evlerine götürmüş. Rüyamda geldi dedem: "Evini terk etme oğlum. Ev de, evdekiler de sana emanet! Aman koyunları aç bırakma. Onları aç bırakırsan siz de aç kalırsınız." Uyurken ağlıyormuşum. Hıçkırıklar içindeydim uyandırdıklarında. "Koyunlar. Koyunlara bakmam lazım," diye söylene söylene gittim. Ağılın kapısına vardığımda sanki tüm sürü beni bekliyormuş gibi meleşiyorlardı. O günden bu yana koyunları gördükçe içim açılır, rahatlarım. Ne zaman hasta, tabak olmuş, kurt yarası almış bir koyun görsem yüreğim parçalanır.

Sabah kalktığımda sanki tüm sürüyü canavar kırmış gibi uyanmıştım. Hemen ağıla gitmiş, çok şükür koyunları dipdiri görmüştüm. Aklıma rüya gelince ağılın yanındaki tuz taşına çöktüm. Daha güneş doğmamış, ortalık ışımamıştı. Bayram namazına giderken büyük ağabeyim görmüş beni. Anam kadınla birlikte eve götürüp yatırmışlar halsiz bedenimi. Bacım kız bayağı içerlemiş bana. "Sürekli iç çekiyordun. Ne var ağabey? Köyün öteki ucu çok mu uzak? Buradan bir çağırsan seke seke gelirim yanına. Dünyanın öteki ucu değil, köyün öbür ucuna gidiyorum," derken benim niye iç çektiğimi bilmiyordu. Yüreğime oturan kurtlar çoktan suspus olmuştu. Ona bakan kurt zaten gitmiş, gönlüm, bacım ev kuruyor diye hafiflemişti. Öteki kurt varsın dursundu. Allah ne zaman izin verir de evlenirsem o kurt da gidecekti. Asıl başka bir kurt vardı ki dünden beri ciğerimi parçalıyordu.

Tandır damında kadınlar düğün yemeği pişiriyorlar, iç odalarda bacımın arkadaşları oyun havalarıyla gülüşüyorlar, oyun oynuyorlar, salona ağabeyim misafirleri alıyordu. Damı dolanıp su dökmeye giderken Anam Kadın'ın Ümmü Ferik'e para verdiğini gördüm. Ümmü Ferik'e anamın borcu yoktu. Olsa olsa adak olabilirdi, bilemedin borç verirdi. Ümmü Ferik'in aldığı borcu verdiği görülmemişti hiç. Bir de Ümmü Ferik iyi rüya tabir ederdi. Sanki bir sarsıntı oldu. Tüm kıllarım diken diken oldu. Rüyada gördüklerim gözümün önündeymiş gibi afalladım kaldım. Anam Kadın'a: "Ana kız, niye para verdin Ferik'e? Yoksa rüya mı gördün?" Anam kadının yüzü kıpkırmızı oldu. Yine bayılacak demeye kalmadan kollarından tuttum. "Beni suyun başına götür. Yüzüme iki su çarparsan bir şeyim kalmaz," dedi. Öyle yaptım. Anam kadın bana deliymişim gibi davranır, bu hep ağırıma giderdi. Oysa onu suyun başına götürürken sanki ağabeylerimden biri yanındaymış gibiydi. Bana belki de ilk kez böyle akıllı muamelesi yapıyordu. Elimi beğenmez "çot" derdi. Çot elimle üç avuç suyu yüzene vurunca rahatladı, derin bir nefes aldı. Sanki ilk kez görüyormuş gibi etrafa baktı. "Baban geldi. Ağabeyin geldi. Çocuklar, akrabalar geldi. Bir tek..." Sözünü bitirmeden kalktı. Ben de kalkıp ardından: "Ana kız! Ben de rüya gördüm," dedim. Yüzüme, bir yabancıya bakıyormuş gibi baktı. "Hayır ola. Hayırdır inşallah oğlum," dedi ve tandır damına kadınların yanına gitti. Aynı rüyayı gördüğümüzü ben sabahtan anlamıştım. Kahvaltı yaparken üç yıl önce verdiğim kol saatini bacım kız koluna takmıştı. Ben o saati dün gece rüyamda görmesem, unutacaktım. Anam kadın saati zorla bacım kızdan aldığında anlamıştım, aynı rüyayı gördüğümüzü. He ya! Babam bile gelmiş ama okuyan ağabeyim gelmemişti.

***

Dağda sürüyü otlatıyorum. Bir davul zurna sesi var ki gönüllere şenlik! Bir de bakıyorum bacım kız atın üzerinde, damat atın yularını tutmuş, düğün alayı beni almaya gelmiş. Bacım kız o sırada kolunu kaldırıyor. O da ne? Üç yıl önce ona verdiğim saat. Saatin içindeki küçük demirler sürekli dönüyor... O sırada koyunlar kaçışmaya başlıyor. Sürünün tam ortasına canavarlar girmiş gibi... Koyunlar dağılınca onu görür gibi oluyorum: Yerde upuzun yatıyor. Bu, o olamaz! Davul ekibi susmuş, ince çalgı başlamış, benim hiçbir şeyden haberim yok. O sırada kulağıma bir genç kız sesi geliyor:

"Ben yanarım gurbet elde ölene
Kim yanmaz ki tabudunan gelene"

Uyandım! Tüm sürüyü canavar kırmış gibi, uyandım.

Oğlan evinden davul sesleri işitiliyordu. Ben dedemin mezarına varıp: "Ey güzel Allah'ım! Biliyorsun beni bu köye hapsettin; köyün ihtiyarlarının kahrına, karılarına lafına, gençlerinin dalgasına, kızlarının kalkık burunlu suratlarına, gütmekle tükenmeyen koyunlarına layık gördüğün için sana çok içerledim. Hep, "Allah kahretsin!" dedim. Ama bugün sana yalvarıyorum: Bu köyü, bu yazdığın kaderi ölene kadar çekmeye razıyım. Yeter ki, yeter ki yarın olmasın!"

Anam Kadın: "Ağlama!" derdi. Ona inat, bu gece tüm ağlamayışlarımın yerine ağlayacağım. Kim ne derse desin!

BİR KAPININ ÖNÜNDE ZAMAN DURUR

Orada, bozkırın tam ortasında, Erciyes'i görebilen en uzak topraklarda, her köyün her aşiretin birden çok söylencesi, masalı vardır. Kırşehir'in merkeze bağlı Çiçekdağı sınırındaki, yaklaşık otuz köy de göçle o topraklara yerleşmiştir; hikâyeleriyle birlikte.

Kırşehir'den Çiçekdağı yönünde yol olan bir yolcu, daha çok sarı tabelalarla, tarihi eserlerin yerini gösteren işaretlerle karşılaşır. Mavi tabelalar ise diğerlerinden daha az gibidir.

Sarı tabelalar çocukluğumda yoktular. Maviler de yoktu. Ama Bezirhan*ı ve Üç Ayak Kilisesi'nin yolunu bulmak için zaten tabelaya, yön bildiriciye ihtiyacım yoktu. Ne Mircea Eliade'yı, ne Levi Strauss'u ne de Boratav'ı okumuştum. O yıllarda her duvar birbirinin aynı, her öykü aynı heyecanlı gerilimi verirdi. Fakat çocukluğumun ve hatta şimdi bile, sırrına ulaşmak için hayatımı ortaya koyabileceğim serüveni; Bezirhan içerisinde gezmek, yer altı şehrinin koridorlarında yol almaktı. Sonuna kadar gidemediğim bir masalın, bir mitolojinin kapısından dönerdim, her Bezirhan avlusuna girdiğimde.

Nedense, kulağımda aşiretimin kopup geldikleri topraklardan kalma hikâyeler; sanki Bezirhan'ın avlusuna Yavuz'la Şah İsmail atlarıyla gireceklermiş sanısıyla tam kapı önünde beklerdim. İlk zamanlarda Bezirhan'ı, dev bir kayanın ortasına oyulmuş o avludan ibaret zannederdim. Benim çocuk gözümde o avlu bir giriş, karşılama bölümü olmaktan

---

* Bedirhan

çok kervanların yüklerini indirdikleri panayır yeri görüntüsüne kavuşurdu.

Folklorun tarihe, masalın gerçeğe karıştığı yaşlardan kalma anılarımı çağırıyorum! Bana, iki kilometre uzunluğunda bir yer altı şehrinden bahsediyorlar. İçerisinde bir manda derisi dolusu Bizans altınının saklı olduğu iç odalardan haber veriyorlar. İç avluyu geçenlerin bir daha geri dönmediği gizemli ve korkutucu bir karanlığa batmış, batık bir medeniyetin görüntülerini sunuyorlar. Jandarmadan ve akrabalarından kaçan âşıkların sığınağı olan ürkütücü yer altı şehrini düşünüyorum...

Derinliği yaklaşık yirmi metre olan Bezirhan'ın giriş avlusu kare şeklinde kesilmiş, bir kenarının uzunluğu ise yaklaşık kırk metre vardı. Zamanında atlarını bağlayan tüccarların parmak izlerini taşıyan kayalarda hâlâ duruyordu düğüm atılacak delikli kayalar. Serin siyah kayanın korkutuculuktan çok, zamanın doğuşundan daha eskiye dayanan bir bilgeliği vardı. Bizanslı prenslerin hüzünlü öykülerini depolayan bir kayıt defteri olarak hâlâ zamana direniyordu.

Günümüzde bir ucu Yarımkale köyünden, bir ucu Kartalkaya'nın Sarıkaya mevkiinden, bir başka ucu da Buzluk Dağı eteklerinden çıkan çıkış yolları vardır Bezirhan'ın. Şimdilerde bir tek Yarımkale tarafındaki çıkışın açık olduğu yer altı şehrinin daha önceleri sekiz ayrı girişi olduğu söylenir. Bu çıkış kapılarınınsa o dönemde akıncı kollarından korunmak ve yeraltına sığınmak için yerliler tarafından açıldığı söylenmektedir. Üçayak Kilisesi Bezirhan'a yaklaşık on kilometre uzaklıkta olmasına rağmen bir kardeşliklerinin, bir kader ortaklıklarının olduğu kanaatindeyim. Çıkış kapılarından birisinin de muhtemelen bu kilise civarında olduğunu düşünüyorum.

Bozkırın tam ortasındaki köylerde "altın arama sevdasına" tutulanlar hiç de az değildir. Biraz da Toroslarda "alageyik sevdası" dedikleri sevdaya benzer altın peşinde koşmak. Nasıl ki "alageyik şurada görülmüş" denilince geyik vurgununa tutulanlar oralara giderlerse, "şurada bir gömü varmış" denilince bozkır köylerinin genç ihtiyar ne kadar altın sevdalısı varsa, gecelerce kazma kürek dalarlardı harabelere… Hashöyük'ten bir muhacir kaldırmış küp dolusu altını! Tirkeş tepelerindeki -kayaları koyunlara benzeten köylüler, Tanrı'nın gazabı sonunda bir koyun süsünün ve çobanının taşa dönüştüğüne inanırlar- kayaların altında altın bir beşik ve kervan çanları olduğu söylenir. Tepe neredeyse savaş alanı gibi olmuştur kazma kürek darbelerinden. Orada, Anadolu'nun tam ortasında, bozkırda her ağaç bir remiz, her kaya da altında bir gömü saklayan eski zamanlara girişin bir kapısı gibi görülür. Nerede yalnız bir karaçalı varsa yakınlarında mutlaka bir çukur vardır. İçinde umutların boğulduğu o çukurlardan şimdiye kadar altın çıktığını hiç duymadım. Bir keresinde Üç Ayak Kilisesi'nde -ki bu kilisede bir prensesin, Selçukların Anadolu'ya girdikleri zamanda yurdunu terk etmemek için kendisini mahzene kilitlediği ve orada öldüğüne inanılır. O prensese bir ad vermiştir: Lidya- bir sandık bulunduğu, bulanlarınsa gömüyü çaldırdıkları söylenmişti. İşin tuhafı bu hikâyelerde mutlaka ya bir Fransız Ermeni'si ya da bir muhacir mutluluk peşindeki gençlere haritayı verir, yarı hisseyi alıp yurduna dönerdi.

Bezirhan, Üç Ayak Kilisesi, Hashöyük, Tirkeş Tepesi, Yarımkale. Aynı masalın ayakları olan, her biri ayrı ayrı taraflarda harabe olan bu eserler sahipsizliğin ve vurdumduymazlığın doruğa ulaştığı bir anlayışın kurbanları şimdilerde. Şimdiye kadar bol bol söylence duydum onlara dair. Kırşehir Müzesi'ne varıp o yerler hakkında bilgi almak istediğimde yüzüme garip garip bakan yetkisiz insanlarla karşılaştım. Tarihi ve sosyolojik değerinden öte, içerisinden insanlar geçmiş, medeniyetlerin izlerini sıcak cesetler gibi içinde taşıyan o mekânları, belki de en çok altın arayıcıları seviyorlar. Bir de çocukluğun sınır tanımayan masallarında kendi masalını arayan esmer çocuklar seviyorlar.

Çocukluğumda, köylüler koyunlarını serinlesinler diye Bezirhan'ın avlusuna kapatırdı. Orayı bir "ağıl"a çevirmişlerdi. Belki de Sultan Keykavus ya da Romen Diyojen o kervansarayda konaklamış, saldırganlardan kaçan bilmem kaç halk oraya sığınmıştı.

1997 yılında Turizm Bakanlığı, Kültür Bakanlığı'yla birlikte Bezirhan'ı turizme açmak için çalışmalara başladı. Restorasyon çalışmaları hâlâ sürüyor. Köylüler artık oraya giremiyorlar. Altın da aramıyorlar. Ancak turistlerin getirecekleri dolarlar için şimdiden neler pazarlayacaklarını düşünüyorlar.

İki şeye üzülüyorum: Yarımkale'deki kayalara oyulmuş, göz göz odalardan birisine giremediğime, bir de yeraltı şehrinin başlangıcındaki kuyuya seslenmediğime. Derler ki; kuyunun cini, sevdiği çocukların dileğini gerçekleştirirmiş. Dileğim, yer altı şehrinde hayatın olduğu zamanlara gitmek olurdu. Belki de Bizanslı prensesi mahzenden kurtarır, ölmesini engellerdim.

Nedense, Bezirhan denildiğinde, içimde bir çocuk yer altı şehrinin kapısında yumruklarını sıkar, susar ve sonsuzcasına o kapının önünde bekler. Bezirhan denilince, içimde zaman durur.

***

Çayın suyu ne kadar güzel akıyordu. Ayaklarının değdiği çayır bir müddet sonra silkinip dikilen canlılar gibiydi. Upuzun çayırlar boyunca koşacağın hiç aklına gelmemişti. Hem de bu durumda olacağını hiç hesap etmemiştin. Ne çay ne de çayır çocukluğundaki köyünün yakınındaki arazideydi. Adını bile bilmediğin bir köye doğru koşuyordun. Seni bulacaklardı, adın gibi biliyordun bunu. Belki köyde saklanabilirdin. Çayın akışından taşıp içine dolan bir umutla koşuyordun köye doğru. Çocukluğunda komşu köylere giderken bir korku kaplardı yüreğini; ya bir köpek çıkarsa karşına? Mutlaka çıkardı köpekler. Korkunu biliyormuşçasına, havlaya havlaya gelirlerdi üzerine. Elinde sopayla az gitmemiştin komşu köye. Ama o an elinde ne bir taş ne de bir sopa vardı. Karşına köpekler değil kurtlar bile çıksa sabahın ilk ışıklarında aydınlanan köyüne girecektin.

"Köye girdiğine dair bir iz bırakma. Eğer öyle bir hata yaparsan, hem seni hem de köyü yok ederler." Bu cümle gidip geliyordu kafanda. Çayın kenarından koşman biraz da bunun içindi. "Suyun olacak, ateşi kaybetme, havadan yana nasibin bol, topraksa seni bulacak," demişlerdi. Yanında bir sırt çantasından başka bir şey yoktu. Bir gören olsa, "Kaçaktır bu," derdi. Ama sen, kaçak mı yolcu mu olduğunu anlayamamıştın daha.

Ardına bir kere olsun dönüp bakmamıştın. İzlenip izlenmediğini bilmiyordun. Geriye döndüğünde, bir kere olsun baktığında, bir şeylerin seni kıskıvrak yakalayacağını düşünüyordun. Geride bıraktıkların mı yoksa izleyenler mi vardı, bilmiyordun.

Öyle delicesine koşarken birden, çayın bir karış yüksekliğindeki sularına attın bedenini. Her şeyi unutacağına söz vermiştin, sözünü tutmadın. Zihninin damarlarından fışkıran bir cümle küt diye durdurdu amansız koşunu. Ardından öteki söz geldi: "Ağır ağır acele et, ey benim savaşkan yüreğim." Ama sen ilk cümleyi; "Su gibi davran," diyen sesin sahibini hatırlıyordun. Bir gezgindi, "Su gibi yoklayarak yolunu bul," diyen adam. Yüzünden yüz, sesinden ses, huyundan huy aldığın adam ki babandı, "Su gibi, yerleşmeden toprağını kokla evlat," diyen kişi.

Çayın içinde yüzüstü dönüp gökyüzünü izlemeye başladın. Daha önce fark edemediğin, rahatsız edici bir sessizlik ve durgunluk vardı etrafında. Koşarken, sanki seninle birlikte tüm dünya koşuyor zannediyordun. Oysa senin koşundan bihaberdi gördüğün ne varsa. En sonunda onu gördün. Köy tarafından geliyordu. Abdullah burada olsaydı mutlaka adını bilirdi dediğin kuş, sanki seni karşılamaya geliyordu. Birden iki adı olacağını düşündün kuşun. Hem asfur hem de baz olabilir, diye düşündün. Ama onların ne olduklarını hatırlayamıyordun. Afsur aklına geldiğinde kulağında acıklı bir aşk türküsü çalınır gibi oldu. Seni şehre düşman kılan bir güzelin silüeti gelip geçti gözünün önünden. Kuşun çığlıklarıysa baz adında durmanda ısrar eder gibiydi. Sana suyu, ateşi, toprağı ve öldürmeyi öğreten adamı hatırlatıyordu baz. Ve en kötüsü bedenini kaskatı kesen bir sancı olup o adamın öldürülüşü oluyordu baz ismi.

Zihnin bir şeytantırnağı gibi hafızanın üzerini örttüğünü söylerdin. Ama senin zihnin, hafızana hiçbir zaman perde çekememişti. Beyin ameliyatı olsan bile geriye kalacak bir şeylerin mutlaka vardı.

O gün seni Bezirhan'ın kapısında bulduklarında aklın diline düşmüş. Ne geçiyorsa zihninden anlatıyormuşsun. "Lidya, kapıyı aç!" diyormuşsun.

***

Köyünüzde hiç at yoktu. Ne sen vardın ne de anlattığın o bostan bozan atlar vardı. Aslını sorarsan bostan da ekmiyorlar artık sizinkiler. Bir zamanlar senin altın aramana gülen insanlar, kazma kürek, bir de sahte haritayla o güzelim

Bezirhan'a girip çıkıyorlar. Hani o çocukluğunun giz ülkesine... Kapısından ötesine geçemediğiniz, ama tahta atlarla avlusunda savaş oyunları oynadığınız Bezirhan'a...

Bana söz vermiştin. Nerede olduğunu öğrenemesem de, öleceğini anladığında ilk öğrenen ben olacaktım. Ama annen ve Karlı Camii imamı benden önce öğrenmişler başına geleni. Suriye sınırındaki o köyde yakalandıktan sonra salıverildiğini bilmiyordum. Yaşadığına dair bir işaret, bir ses vermemiştin. Yoksa ben mi yanlış okudum işaretleri?

Uzun zaman önceydi... Hoca Ahmed Yesevî Kütüphanesi'nde çalışıyordun. Evet, kütüphanenin tam adı buydu: Hoca Ahmed Yesevî. Önceki adı Ahmed Arif Kütüphanesi'ymiş. Şaka yollu, "Siyaset budur, cismi aynıdır ama ismi değişir," demiştin. Yesevî'yle ilgili çalışıyordun. Yeraltı lafzının ağzımızdan düşmediği zamanlardaydı. Bir ziyaretimde, "Underground'mış, yeraltıymış her neyse; asıl yer altı faaliyetini yapan Yesevî'dir," dedikten sonra da: "Bizim oradaki Bezirhan var ya, işte tam yeraltı kalesi," demiştin. O zaman anlamalıydım. Anlamadım. Halbuki senden bir ay önce gelen, "Bir Kapının Önünde Zaman Durur" başlıklı yazıyı aldığımda anlamalıydım nerede olduğunu.

Annenden, Karlı Camii imamından başka kimse bilmiyor sana ne olduğunu. Annen de senden farklı değil: Her sözü bir sır kapısına götürüyor beni. Anlaşılan kız kardeşinin hiçbir şeyden haberi yok. Sen gelmediğin için düğüne beni gönderdiğini zannediyor. El işinden yaptığı bir çerçeveyi sana ulaştırmam için bana verdi. Düğününe gelemediğin için gücenmiş olsa da seni çok sevdiği o kadar belli ki... O bir asfur, kafes kuşu; sense bir baz, şahinsin. Sınır tanımıyorsun. Ama annen bir kuşbaz sanki; tüm evcil ve yabani kuşları gözleriyle yakalayan, maharetli ve efsunlu seslerin kapısı. Annene Bezirhan'a gitmek istediğimi söyleyince, "Şimdi sırası değil evladım. Vakti gelince gidersin. Şimdi işinle uğraş," demesi beni iyice huylandırdı. "Bari yaşıyor mu, onu söyleyin," dediğimde, "İnsan, dostunun yüreğinde ölmemişse, yaşıyordur evladım," dedi.

Gelinin hazırlanması gerekiyordu. Oğlan tarafı neredeyse gelirdi...

HALI TEZGAHI

Saçları yumak yumak dökülürdü yüzüne. Oturduğu yerden kalkası gelmezdi. Sanırdınız ki orada doğdu, orada ölecek. Ak saçları güzelim gözlerini kucaklamak istercesine ileri atılırlar, yarım bağlı başörtüsü izin vermezdi gözlükten ileri gitmelerine. Gözleri elindeki işinden gayrısını görmezdi oysa. Biz vardığımızda şöyle bir bakar, "Siz mi geldiniz?" der, işine devam ederdi. Ritmini bozar mıydık? Bilmiyorum ama biz yanındayken elindeki halı tokmağı gittikçe hızlanır, tezgahın üzerindeki yumaklar Hatice Nine'nin hızına yetişmek için hoplar dururlardı.

İnsanı hasretten ağlatacak kadar geçmiş bir zamandı. Orada, bozkırın bittiği, kavak ağaçlarının şehri kuşattığı, apartmanların yer yer ukalalaşıp başlarını göğe çevirdikleri, sevgililerin sokak aralarından ana caddelere geçemedikleri uzakşehirdeydi...

Ne Aziz polis olacaktı ne de Murat öğretmen. Ömer'se hangi fakülteyi bitirdiğini söylerken utanmayacaktı. Sekreterlik varsın kızların olsundu, Ömer fakülteyi bitirdiğinde kahvede okey oynayacaktı. Biriken çay borçlarını da elbet bir gün öderdi...

Toprak damdan küçük bir konaktı Hatice Nine'nin kapılarını sonuna kadar biz hayırsızlara açtığı evi. Yusuf Dede'den geriye kalan ırmağın kıyısında altı dönümlük bir bağ, bir de bu küçük konağın içinde olduğu bahçeydi. Biz oradayken belediyeden, "Pazar yeri için burası uygun, evinizi bize satın!" diye çok teklif gelmişti de, Hatice Nine: "Ben ölmeden bu evi yıkamazsınız!" diye gelenleri geri çevirmişti. O sakinliğinde ne çok fırtınayı beslemiş yüreğinde. Nedense bizim, evi sahiplenmemiz ancak birilerinin talip olmasıyla başladı. Aziz ise çok yamandı. Hatice Nine'nin torunu gibi her işine koşar, evin eksiğini gediğini bilirdi. Ne zaman ki ben Bahar'ı yanıma alıp Hatice Nine'nin elini öpsün diye vardım, o günden sonra benim yerim bir başka oldu Yusuf Dede'nin konağında. Zamanla anlatmadığı öyküleri de Bahar'ın gelişiyle anlatmaya başlamıştı. Aziz kıskanacak, gücenecek delikanlı değildi. Ona önceden anlatılmayanların birer birer çeyiz gibi sandıktan çıkartılması hem Hatice Ninenin hem de Aziz'in yüzüne bir rahatlama getiriyordu.

Hepimiz oradaydık. O evin bizim için arkadaşlıktan, kardeşlikten, yan yana olmaktan öte bir anlamı vardı. Hatice Nine başımızda olduğu sürece başka bir yere gitmenin, korunak aramanın bir anlamı yoktu. Hiç karşı durmadım: Bahar'la nikahlanacaktım. Hem de Hatice Nine'nin evinde. Bunu özellikle istemişti. Eğer o bir şey istemişse bize susmak ve kabul etmek düşerdi. Almanya'ya ilk giden işçilerden, onlarca çocuk yetiştirmiş, Yusuf Dede'nin ikinci karısı, şehrin azmanlığına rağmen sükûnetle halısını ören Hatice Nine elbette doğrusunu biliyordu.

Bir kandil günüydü. Ömer'le, Bahar'ın yanına vekalet almaya gitmiştik. Ömer, "Bak aslanım! Bir tavşanayağı olursa beni karşında bulursun!" demişti o çok sevdiğimiz delikanlı ağzıyla. Söz verdim. Bir yamuk olursa, buyursun topuğumdan vursun.

Biz eve vardığımızda Hatice Nine yoktu. İmam oradaydı. Aziz, Murat ve Hacı yerlerini almışlar bizi bekliyorlardı. Kek yapmış, "Çayı da siz koyarsınız," diye tembih etmiş, öyle gitmiş gideceği yere. Sobanın üzerindeki çaydanlıktan kaynar sular saçılıyor, halı tezgahında yarılanmış bir yolluk bekliyor, sulukta iki ibrik, abdest alacak olanları gözlüyordu... Serin kış, en çok o odadaki arkadaşlarıma, Bahar'a bir de Hatice Nine'ye sıcaklık vermişti uzakşehirde.

Evin önünden Doğu Yolu geçerdi. Yolun karşısı Âşıkpaşa Mezarlığı'ydı. O mezarlıkta en çok Yusuf Dede, bir havacı yüzbaşı şehit, Âşıkpaşa, bir de adını bilmediğim ölüler yatardı. Hatice Nine'ye: "Nine! Yusuf Dede'nin mezarına bu kadar yakın olmaktan korkmuyor musun?" diye sormak ister, utanırdım. En sonunda sorabilmiştim. O da: "Evladım, onca sene koynunda yattım da korkmadım; hayırsızın ölüsünden mi korkacağım?" demişti. Zamanında pek sevmiş. Zaten sevmeseymiş o melanet kadının üzerine kuma varmazmış Yusuf Dede'ye. Hayırsız deyişinde birazcık da olsa sitem vardı. Onca sene birinci karısının tarafını tutmuş Yusuf Dede. Ne zaman ki evden kaçmış kadın, ondan sonra anlamış Hatice Nine'nin kıymetini. "Alamanya," derdi, "yıkılasıca gevur memleketi kadının aklını çeldi de yoldan çıkardı onu." Anlayamazdık. Yusuf Dede miydi yoldan çıkan, yoksa birinci karısı mı?..

Evin her köşesinden Almanya'dan gönderilen haplar, çikolatalar bir de Berlin'in, Duseldorf'un fotoğrafları olan kartpostallar çıkardı. Bazen tadından bir şey anlamadığımız oraletlerden içerdik. "Rahmetli çok severdi," der, gözü Âşıkpaşa'ya doğru dalar giderdi. Rahmetlinin nerede yattığını içimizden yalnız Aziz bilirdi. Bize de: "Evladım, toprağını görüp de ne yapacaksınız. Keşke dirisini görseydiniz," der, yaşarken yaptığı yiğitlikleri anlatırdı; sanki Yusuf Dede yaşıyormuş gibi olur, başörtüsünü düzeltir, dizlerini kırar, anlatır, anlatır, anlatırdı.

Sene sonunda o şehri terk edecektik. Hatice Nine arada bir bize söz dokunduruyor, "Siz de giderseniz, beni buralarda garip bırakırsınız," diyordu. O öyle dedikçe içimiz burkulur, ne söyleyeceğimizi kestiremez, aşağıdaki odamıza çekilirdik. Her şeyin acemisi olduğumuz gibi tiryakilikte de acemiydik. Birer Samsun yakar İstanbul hayalleri kurardık. Fakülte tercihleri yapmaya daha aylarımız vardı. Ama bildiğimiz bir şey varsa o da İstanbul'da mutlaka birer fakülte kazanacak ve orada da aynı evde kalacak, sırasıyla Hatice Nine'yi ziyarete gelecektik.

Düşlerimiz, kitaplarımız, yavuklularımız ve bir de Hatice Ninemiz vardı. Bitip tükenmez kış günlerinde iki soru çözüyor, üç sigara içiyor, hayli hayal kuruyor, ardından da halı tezgahında geçmişini ilmek ilmek ören Hatice Nine'nin hikâyelerini dinlemeye çıkıyorduk. Bir gün Yusuf Dede'nin onu nasıl kandırdığını, bir gün Münih'te nasıl kaybolduğunu, başka bir gün ırmağın kıyısındaki eve gelin gelişini, en çok da halı tezgahının alınış hikâyesini dinliyorduk.

Yusuf Dede'nin ilk karısı, Hatice Nine'den kıskanırmış dedeyi. Hatice Nine o zamanlar sarışın bir afet, ilk kadınsa ihtiyarlamaya yüz tutmuş bir muşmulaymış. "Kızın yaşındaki bu şıllık gör bak sana ne oyunlar oynar!" dermiş çocuklarının yanında Yusuf Dede'ye. Maksat Hatice Nine'yle Yusuf Dede'nin arasını açmak ya tutmuş bir tezgah getirmiş bağ evine. Günaşırı bağ evine gitmek Yusuf Dedeye yasaklanmış. Üç metrelik, dört metrelik yolluklar örecek, ancak Yusuf Dede'yi öyle görebilecekmiş Hatice Nine. İlk kadının emrine uymuş ama pişman da ettirmiş kadını. Koca koca yollukları iki gün olmadan bitiyormuş. Kadın kendi tuzağına düşmüş. Yusuf Dede ilk kadından çok Hatice Nine'yi görmeye başlayınca, kadın araya girmekten vazgeçmiş. Hatice Nine de tezgah da bizim oturduğumuz aşağıdaki odaya getirilmiş. Ama Hatice Nine'de o günden sonra tezgaha tutkunluk başlamış. Neredeyse geceleri yatmaz olmuş, şehrin dört bir yanından halı dokutmak isteyenler geliyormuş. Şehrin sonradan görmelerinde, bir de eski ailelerinde mutlaka Hatice Nine'nin ördüğü kırmızımsı bol halılardan varmış. Herkes birbirine kendi halılarının güzelliğini anlatıyormuş. Hatice Nine'ninse hiç kimsenin haberi olmadan halılara nakşettiği Yusuf ve Hatice adlarını ilk kez bize söylerken yüzü kızarıyordu.

Bitimsiz bir Ramazan'dı. Bitmesin istiyorduk. Ramazan bitince hem üniversite imtihanı hem de ayrılıklar vardı. Belki de şehir sonsuza kadar uzakşehrimiz olarak bozkırın ortasında bir yeşil nokta olarak kalacak, Hatice Nine sonsuza kadar bizi beklemeyecekti. Ramazan'ın son günü sevdiğimiz arkadaşları da çağırmamızı, bize iftar vereceğini söyledi. Allah'ım, o nasıl bir sofraydı öyle! Ömrümde sanki bir parmak bal gibi dudağıma sürülmüş durur o iftar yemeği. Sandıktan çıkarılan lokumlar, bir güzel nargile kokusu, yıllardır ağzı açılmamış Yemen kahvesi, son günü için sakladığı zemzem suyu. Anlatamayacağım gerisini. Teravihi Aziz kıldırdı. Hatice Nine de safın arkasına bir perde çekmeden namaza katıldı. Acı kahvenin ne kadar tatlı olabileceğini anladığımız sırada vasiyetini açıkladı. Bizden vasiyeti yerine getirmemiz için yemin etmemizi istediğinde sanki her birimizin boğazına sert bir yumruk kilitlenmişti.

Tamam: Her yaz gelip ırmağın yanındaki bağı belleyebilir, üzümü satar, fakirlere elde edileni pay ederdik. Yusuf Dede'yi de duasız bırakmazdık. Aziz'in düğününde halay da çekerdik. Hem ölüm de nereden çıkmıştı Hatice Nine? Allah uzun ömür versin. Hani Bahar'a halı dokumanın inceliklerini öğretecektin? Yok! Onun sözünü boğamamıştık:

"Bu ev ne belediyeye, ne de başka birine yâr olmayacak!" Çocukları hak iddia edemeyecek, mal varlığı Aziz'in üzerine kalacaktı. Ev eğer kendi yıkılırsa, yerine iki katı geçmeyecek bir ev yapılacak ve öğrencilere verilecekti. Öğrencileri biz seçecek, hatta bağdan gelen gelirle o çocukları okutacaktık.

Korktuğumuz, konuşmaktan çekindiğimiz, ihtimal bile vermediğimiz başımıza geldiğinde sanki akan sular durmuş, Doğu Yolu'ndan arabalar geçmez olmuş, Âşıkpaşa Mezarlığı hıncahınç delikanlı cesetleriyle dolmuştu. Murat Nevşehir'e, Ömer Kayseri'ye, Hacı Sivas'a gidecekti. Aziz'se fakülteyi kazanamadığı için polislik imtihanına girecekti. Yalnız ben İstanbul'un yolunu tutacak, onların olmadığı evlerde uzakşehri, Hatice Nine'yi ve geride kalan güzel günleri özleyecektim. Ağır bir yenilgiyle dağıldık uzakşehirden. Eylülün en acımasızı değildi belki, ama yüreklerimize acımasız bıçaklar girip çıkıyordu otobüs garındayken. Ömer'in yüzündeki bıçak yarasından biz de nasibimizi almış göğsümüzü tuta tuta uzaklaşmıştık o küçük şehirden.

Yaralar mı kabuk bağlar yoksa üst üste yenilgiler mi insana acılarını unutturur, daha öğrenememiştim ki kaldığım öğrenci evine dört ay geçmedi bir telefon geldi. Telefon ki tepeden tırnağa ürpertir her çalışında, yine ürperdim. Yine kötü bir haber vardı. Elim bir türlü ahizeye varamıyordu. Anam Kadın zamansız gelen telefondan şeytandan Allah'a sığınırmış gibi kaçar, tandır damına sığınırdı, benim sığınacak bir yerim yoktu. Telefondaki ses içimi rahatlatacak kadar güzeldi ama ağlamaklı oluşu yüreğimi burktu. Bahar'dı. Ben bir şey soramadım. Yalnızca, "Ev ne oldu?" diyebildim. Evi, Almanya'daki oğlu Aziz'in üzerinden alıp belediyeye satmış. Her şey bir hafta içinde olup bitmiş. Diğer çocukların haberi yokmuş daha. Ömer'i, Hacı'yı, Murat'ı, Aziz'i göresim vardı. Yollar çok uzak, gidense geri dönemeyecek kadar ilerideydi. Aziz'in ağlayıp sızlaması üzerine bir tek halı tezgahını kurtarabilmişler. Onu da bağ evine götürüp kapıyı kilitlemişler. Lanet olası vizeler bitmek bilmiyordu. Zaten cebimde otobüs bileti alacak kadar param da yoktu. İki ay içimi kemiren bir kurtla İstanbul'da kudurmuş bir hayvan gibi dolaştım. Şehre vardım. Şehir ulu bir şehir olmaktan çok ulu bir kümbet gibi dikildi karşıma. Âşıkpaşa Mezarlığı'nın yanından geçerken gözlerimi yumdum.

Şehir altı ayda kurt postuna bürünmüş, beton elbiselerle donatılmış geldi gözüme. Bağ evine vardığımda kalbim göğsümden fırlayıp bedenimden önce kapıya yüklenmek istiyordu. Kapıyı açmam zor olmadı. Kilit yerinde yoktu!

İçeride, halı tezgahından geriye kalan, sadece bir yumak kırmızı ipti. Düğüm düğüm olmuş bir yumak ip.

SÜKÛNET

Zaten anlattığın o hikâyeye de inanmamıştım. Güya, okul çıkışlarında gittiğin mezarlıkta Alaaddin'in mezarı vardı. Hani, ortaokulun sonunda ölen kalbi delik arkadaşın... Ona dair anıların ne kadar azdı oysa; birlikte kopya çekmiş, çarşıda bir-iki defa gezmiş ve bir kere de onun kalbini kırmıştın. Öldüğü tarihi hatırlamıyor, "O yazdı," diyordun...

Bana gösterdiğinde mezarına daha taş dikilmemiş, bir isim yazılmamıştı. Teyzenin oğlu söylemişti de pek oralı olmamıştım o zamanlar. "Alaaddin o mezarlıkta yatmıyor. Orada yatanı bahse girerim Mansur da tanımıyor," demişti. İçimde daha başka bir hikâye kuruyordum ben: Orada yatan belki de ilk göz ağrındı! Yıllarca böyle düşündüm. Yoksa gecenin bir yarısı yurttan kaçıp mezarlığa giden bir çocuk hangi sebeple o ürpertici yere varabilirdi.

O karlı kış gecesini hiç unutamıyorum. Senin sürekli gittiğin, saatlerce sessiz sessiz oturduğun mezarın yanına yeni bir çukur kazılmış, içi de yarım metre karla dolmuştu. Biz oraya vardığımızda kar yağmaya devam ediyordu. Hani o kadar deli değildi ama hafiften de bir rüzgâr vardı. Sen kara inat, ceketle gelmiştin. Bense paltomun içinde bile üşüyordum.

Durup dururken o çukura attın kendini. Boylu boyunca yatıyordun mezarın içinde. Tıpkı bir ceset gibi. Yüzünü seçebiliyordum ama gözlerinin açık mı kapalı mı olduğunu fark edemiyordum. "Farz et ki ölüyüm. Üzerimi örtsene!" demiştin. Ne kadar ısrar ettimse, dil döktümse sana fayda etmemişti. Çaresiz, yer yer tepecik olmuş karlardan üzerine atmaya başladım. Yaklaşık bir karış kar vardı üzerinde. Yüzüne bilerek kar atmamıştım, atmamda ısrar ettin. Hem daha fazla hem de yüzünü kapatacak kadar kar atmamı istiyordun. Bu oyuna bir son vermezsen, asla seninle mezarlığa gelmeyeceğimi ve seninle konuşmayacağımı söylediğimde bir ölüyle pazarlık yapmanın aptalca olduğunu söyledin.

O geceki oyun, etraf ışıyana kadar sürdü. Seni o kar yığınının altından çıkardığımda donmak üzereydin.

Şükür ki yurdun kapısına sırtımda seninle vardığımda aşçıdan başka kimse uyanık değildi. Anladığım kadarıyla kimseye bahsetmedi o sabahki halimizden. Ama ilerleyen günlerde biz yemekhaneye girdiğimizde gözünü bizden ayırmaz olmuştu.

O sabah seni getirirken sürekli sayıkladın. "Beni istiyorlar... Dayanacak gücüm kalmadı... Alaaddin..." O sabahtan hatırladığım bu sözlerindi. Ayıldığında ne demek istediğini sorduğumda, söylediklerine bir anlam verememiştin. Kaçamak cevap vermediğine inandım. Sanki başka birine ait sözlerdi o sabah söylediklerin.

Aradan kaç yıl geçti hatırlamıyorum. Ama yaklaşık iki yıldır senden haber alamadığım halde, bir gün apansız seni karşımda görünce ilk hatırladığım o karlı kış gecesi oldu. Seni görmemle yüzümde soğuk bir rüzgârın şakladığını hissetmem bir oldu. Bir anda yanlış adrese gelmiş insanlar gibi gitmeye yeltendiğinde: "İki çocuğum var. İşim var. N'olur beni karlı mezarlıkların soğuk gecelerine götürme," diyemedim. Ama içimden geçenler bu cümlelerdi. Koluna yapıştığımda, yüzüme bakmadan: "Dayanacak gücüm kalmadı. Son sığınağım sensin!" dedin, çaresizlik içinde. Neye dayanamıyordun? Aradan onca sene geçmişti ve yaşıyorduk. Sanki yıllardır bir şeylerden kaçıyormuşsun gibi geldi bana. O Anadolu kentinden birlikte ayrılmış, üniversiteyi, askerliği ve eski hesapları halletmiştik. Devrimin olmayacağına kanaat getirdiğimizde ben evlenmiş, kasabama, işimin başına dönmüştüm; sen evinden yurdundan uzakta, her yıl ayrı bir yere tayinini aldırıp öğretmenlik yapıyordun, arada yaşadığın başarısız bir evliliği saymazsak fena sayılmazdı halin. Yine de bir kopuk gibi yaşadığını kabul etmeliyim. Nereye ya da neye, kime bağlıydın? Seni bağlayan hiçbir şey yoktu şu hayatta, masallardan başka. Fakülte yıllarında her karşılaşmamızda bir masal anlatırdın. Kendi masalını da sanki o masalların içinde arayan bir halin vardı. Beni tanıştırdığın her yeni arkadaşının mutlaka bir başka masala ya da hikâyeye kapı araladığına az şahit olmamıştım. Dersim yöresinden hikâyeler anlatırdın. Kızlar seninle çıkmak, erkekler seni yoldaş ya da dava arkadaşı yapmak istiyorlardı. Zamanla sen bu oyunu fark ettiğinde ihanete uğramış, aldatılmış, zedelenmiş, iğdiş edilmiş masallarla kalakalıyordun. Terk ederdin, masalını çıkarı için bağışlayanları. Tutar onları bana ispiyonlardın. Ben sana okulu bitirince kuracağım balık çiftliğinden bahsederdim; sense dilsizlerin ve körlerin aşkının bir masal olmadığından dem vururdun. Ve anlattığın tüm masallarda dilsizlerin savaşı, körlerinse bitimsiz hırslarıyla karanlık ülkede yok oluşları burkardı yüreğimi.

Giderken hep söz verirdin. "Çiftlikteki balıklarına asla yürek burkucu hikâyeler anlatmayacağım. Senin hikâyene dilsiz savaşçıları ve kör âşıkların gazabını salmayacağım," derdin. Ben de en güzel hikâyelerini anlatacağın o balık çiftliğinde senin de dinginliğe kavuşacağını düşünür, sevinirdim.

İki yıl önceydi. Seni Harem'den uğurladığım günü hatırlıyorum. Eşim gelememişti ama Ayşe ile Züleyha da seni uğurlarken yanımda olmak istemişlerdi. Otobüse binene kadar Züleyha kucağından inmemişti. O gün verdiğin oyuncak bebek hâlâ en sevdiği oyuncağı. Çocuğa, "Adı Berfin'dir. Sakın güneşte tutma, yoksa erir," demiştin. Kızcağız bebeğin erimesinin ne demek olduğunu anlamamıştı. Ben de, "Bu bebeği evden dışarı çıkarırsan ölür," demiştim. Ayşe, büyük kızım daha okula başlamamıştı. Ama bir şeylerin farkına varacak kadar büyümüştü. "Baba, Mansur amcam nereye gidiyor? Onun çocuklarını ne zaman göreceğiz?" demişti o gece. Sen, masallarına çocuklarım derdin ya, bizimkiler de çocukların olduğunu zannederlermiş...

Anladığım kadarıyla memlekete vardığın gün, önce kentteki mezarlığa uğramıştın. Bir gün sonra da köye gitmiştin. Çünkü sen gittikten iki gün sonra telefonun gelmişti.

Köyümüzün dışında, sadece Alaaddin'e anlatmıştın Bezirhan'ın hikâyesini, Alaaddin'in kalbini yeniden kazanmak için anlattığını söylemiştin bana. O da "Eğer beni oraya götürürsen, seni affederim," deyince, Bezirhan'a gittiniz. Alaaddin ölmeden iki gün önce. Alaaddin'in hikâyesini anlatırken her zaman yarıda keserdin. Annesi doğum sırasında ölmüş, babası Büyük Sinema'nın önünde boyacılık yaparak geçinen çocuğun parasızlıktan, tedavisizlikten ve arkadaşsızlıktan öldüğüne inandırmıştın kendini. Bir de Bezirhan'a vardığımızda içeri girmek isteyen Alaaddin'i durdurduğun için suçlanıyordun. Güya, Alaaddin bir ışık gördüğünü, onu çağırdıklarını söylemiş, sen de "Burada çok sık olur. Eğer içeri girersen bir daha çıkamazsın," diyerek onu göndermemişsin.

Biz fakültedeyken Turizm Bakanlığı'nın metruk Bezirhan'ı turizme açmak için kolları sıvadığını öğrenmiştik. "Servet avcıları. Bunlar büyük servet avcıları. Köylüler Bezirhan'a dalıp bir iki altın bulup çıkarlar. Bunlarsa çocukluğumuzun gizli bahçesini tahrip etmek için girecekler!" demiştin. Aradan on yıl geçmesine rağmen Bezirhan'ı tamamıyla keşfedememişlerdi. Beklediklerinden daha büyük bir yapıyla karşılaşmışlar; bir yer altı şehrinin içindelermiş!

"Sen bir kaçak ol Tanrı'nın gönlünde eğleş! Korku tanımaz senin yüreğin. Vaat edilenlerden azade olmayacak olansın. Yüreklerinde zulüm peydahlayan azmış zalimlere inat, var olasın. Ki ciğerini deldiğinde şeytanın varisleri kokunu alamaz olsunlar. Denizi, ateşi, dağı ve yırtıcı kuşları rehber bellersen yıkılmaz; soğuğu, yağmuru ve yük hayvanlarını sayarsan yolunu şaşırmazsın. Vardığın yer Tanrı'nın gönlü olsun. Vardığın yer sükûnetin sulh ettiği yer olsun. Vardığın yer fırtınanın yüreği olsun. Ateşin yansın, ocağın tütsün, kapın kapısız olsun, elini sıkmak nasip olmasın. Asandan ve düşkünden başkasını tutmayasın ey gezgin oğul!"

Karım, gitmemi istemiyordu ama sonunda peşine düşmeme razı oldu. Eğer bir hafta içinde sana dair bir işaret ya da seni bulamazsam evime dönecektim. Otobüste hangi kavme, hangi dine ait olduğunu hatırlamadığım senin öğrettiğin bir duayı düşünüyordum. Duadan çok bedduaya benzeyen bu sözlerin yolda neden aklıma geldiğini çıkaramıyordum.

Gönülçelen bir tarafı vardı ayaklarımın altında uzanan Anadolu yollarının. Geride kalanları unutmuştum sanırım. Bir masalın içine düştüğümü uzun zaman anlayamadım. Züleyha'nın sesini duymuştum telefonda. Züleyha, kızım. Benim kızım, kızlarım vardı; bir evim, bir eşim vardı. Ve tutup bir çocukluk hikâyesine doğru yol alıyordum.

Yüzün hatırıma geldikçe kaybettiklerimizin dökümünü alıyordum gözlerinden. Artan bir iştahla yıkımları, kayıpları ve ölümleri yazmıştın yüzündeki deftere. Ama bir anlık sükûnet, bir anlık dinginlik seni ele veriyor; saklanmaya hazır kaçakçı tetikliği birden parlıyordu. Evet, sen masalında sükûn bulacaktın.

Alaaddin'i, Berfin'i, Bezirhan'ı, Masalların Masalı'nı bir de ölümle alay eden bağrı açık delikanlı sevdanı anlayamadığımı yollara, peşine düştüğümde anlamıştım.

Anneni gördüm. "Anam Kadın" derdin, onun için. Bir şeyler anlattı. Söz arasında Mahsenlili Ali Efendi'den, Kıbrıs Harbi'nden bahsetti. "Bezirhan'ın bir çıkışı da Mahsenli'de" demiştin, Bezirhan'dan bahsederken. Türbe türbe köydü Anadolu illeri. Mahsenli'de Ali Efendi varmış. Ölümün ve küfrün ısırgan otundan çok, sarmaşık gibi sardığı yıllarda Kur'an öğreterek, insanları gizliden gizliye yetiştirmiş Ali Efendi. Rivayete göre öldükten sonra da görüldüğü olmuş, Kıbrıs'ta, Kırşehir'de darda kalanların şafak vakti kapısında.

Türbenin kapısına vardığımda bahçede çalışıyordun. Yüzündeki kaçakçı tedirginliği gitmiş, Berfin kadar serinlemiş gözlerle bakıyordun. Sarıldık. Selam bile vermedik birbirimize. Bir ayran sundun. Yorgunluğum gitti. Heybeye benzer bir çanta verdin. "Yenge saklasın, büyüyünce Züleyha'ya versin. Ayşe'nin gözlerinden öperim," dedin sadece. Gönlümdeki mezarlıkta, yanlışlıkla gömülen bir cenaze dirilmişti sanki.

Verdiğin heybenin içine erikler, ekşi elmalar doldurdun. Evet, bu sana yaptığım son yolculuktu.

Seni kimsenin yağmalayamayacağı bir adaya çekilmiştin.

EŞİKTEN ÖTE

Durgunluk. En azından şimdilik durgun; elimle dokunduğum, gözümle gördüğüm, kokladığım, neredeyse her şeye sinmiş bir durgunluk.

Geçenlerde ağabeyim geldi. Oysa altı yıldır bu insan azmanı şehirdeyim ve bir kez olsun gelmemişti. Okula yeniden kayıt olduğum sene bir günlüğüne benimle gelmiş, kaldığım yurdun yerini öğrenmiş, sonra da fabrikalar şehrine geri dönmüştü.

O günden sonra ne bana dair ne de yarım bıraktığı eğitimine dair tek kelime duymadım ağzından. Ne kadar çok istedim benimle konuşup dertleşmesini. Aile içerisinde en çok ona yakın hissediyordum kendimi. Ben ne kadar açılmak, konuşmak istedimse o benden hep kaçtı.

Aslında yalnız bana karşı değildi suskunluğu. Hüküm giymiş, içeriye girmiş, okuldan atılmış, döndüğünde kendi içine gömülmüştü. O günlerde sürekli bir şeyler anlatır, ben anlamazdım. O günler çabuk geçti. Bizimkiler eli yüzü düzgün bir kız buldular, ağabeyimi evlendirdiler. O gün bugündür inşaatta. Af çıktığı halde okulunu bitirmedi. Acaba, hiç mi düşünmedi okula dönmeyi? Dönmedi. O okulda neler olduğunu yıllar sonra öğrendim.

***

"Senin kaderinmiş kız Döndü," diyordu Havse Ana. "Evlatlarından hayır değil keder görmekmiş yazgın." Anamsa, "Evlat acısını bir sefer çektim, bir daha çekmek zulüm Havse, zulüm!" diyordu. Ben üzerlerine varınca koyundan, kuzudan bahsetmeye başlamışlardı. Okula gitmediğim seneydi. Kapı arkalarında benimle ilgili konuşulanları dinlediğim günler...

Taliplerim vardı. Anamın yüzü gülmeye başlardı taliplerim geldikçe. Gelenlerin hepsi de okumuş, yazmış, mektep medrese görmüşlermiş. Bu fırsat, ömürde bir kere çıkarmış insanın karşısına. Gelen taliplerden biri varmış ki hem okumuş hem de dindarmış. Parti teşkilatında gençlik kolu başkanı adayıymış. Tam benim istediğim biriymiş. Gelenlere ne çay verdim ne de kahve. Çıkıp bir kere bile yüzlerine bakmadım. Umudunu üzenler talip olmaktan birer birer vazgeçtiler. En sona partili olanlar kaldılar. Dördüncü gelişlerinde, Havse Ana'nın, "Sütümü helâl etmem!" demesi üzerine misafirlerin karşısına çıktım. Partinin il başkanı da yanlarındaydı. "Ağabeyim burada olsa da şunları kapının önüne koysa," diye çok dua ettimse de ağabeyim gelmedi. Odadakiler okumanın ne kadar zorlaştığından, ülkenin durumunun hiç de iyiye gitmediğinden dem vuruyorlardı. Sonunda laf döndü dolaştı, benim mürüvvetime geldi. Af çıkar çıkmaz okuluma başlayacağımı, şimdilik evliliği düşünmediğimi söylediğimde, parti il başkanı konuşmaya başladı: "Kızım! Evlilik okuluna engel değil. Hem bu şartlarda af çıksa bile seni bu halinle okula almazlar. Evini barkını kur. İnşallah biz de mecliste senin durumunda olan öğrencilerin haklarını savunuruz..." O konuşmasına devam ederken ben sözünü kesip, "Ağabeyim söylemişti. 'Bu insanlarla yola çıkma! Seni yarı yolda bırakırlar. Bildiğin yolda yalnız yürü ama bu kaypak insanlarla yola çıkma!' demişti," deyip odadan çıktım.

O günden sonra beni istemeye gelen olmadı. Kurban bayramında ağabeyim çoluk çocukla geldi. Ev doldu taştı. Her taraf pürneşe... İşleri iyiye gidiyormuş. Yengem Kız'ın yüzü al aldı. Bir yeğenim daha olacaktı. Ev almışlar. Yengem,

"Kışın kendi arabamızla geleceğiz," derken ağabeyim hiç oralı olmuyordu.

Bayramın üçüncü günü yüreğimin üstüne bir ağırlık çöktü ki ne yapsam atamadım onu çöreklendiği yerden. Öyle ya, öteki sabah ağabeyim çocuklarını da alıp o fabrikalar şehrine gidecek, bayram bitecek, ben yine kapı arkalarından konuşulanları dinleyeceğim. Koskoca evin içerisinde mahpus gibi dolanıp duracağım. Kitapların olduğu odaya zaten giremiyorum. Her kitapta bir başka arkadaşımın yüzünü göreceğim; şimdi hapiste, şimdi okulda, şimdi benim gibi anasının evinde dalıp giden arkadaşlarımı... Havse Ana'yla anamın, evde kalmış kız nazarıyla görmeleriyse beni her gün bir adım daha çıldırmanın eşiğine sürükleyecek. Oysa sıkılgan, suskun yüzünü gördüğüm ağabeyim ferahlatıyordu beni. Bir şey anlatmasa da "Kardeşim!" diye saçımı sıvazlamasa da "Derdin ne?" diye sormasa da ağabeyimin varlığı ferahlatır beni. O meşum kararın çıktığı, okula alınmayacağımızın duyurulduğu gün bile ağabeyimin o silik, kenara çekilmiş hayali diri tuttu beni. Bir dualarım bir de ağabeyim vardı benim, ne arkadaşım ne de bir sırdaşımın kalmadığı günlerde.

Akşam namazından sonraydı. Selam verip tam bağdaş kuracağım sırada ardımda bir karaltının varlığını, burnuma ağır bir nikotin kokusunun geldiğini hissettim. Ardımdaki kanepede ağabeyim oturmuş, sigara içiyordu. Devam etmemi işaret edince hızlıca tesbihatı ve duamı yaptım. Tam çıkacağım sırada, "Nereye gidiyorsun? Seninle konuşacaklarım var," dedi. Elim ayağıma dolaştı, ne yapacağımı şaşırdım. Salonda yengemler çay içiyorlar, bizi de çağırıyorlardı. Ağabeyim, "Çaylarımızı al da gel!" deyince biraz toparlanabildim. Şükür ki anam teyzemlere gitmişti. Bizi baş başa vermiş konuşurken görseydi, iki hayırsız evladından çektiklerini hatırlar, inme inerdi kadıncağıza.

O akşamdan benim hatırladıklarım: Ağabeyimin peş peşe sigara yanında bardak bardak çay içmesi. Bir de içimi kanatan sözleri...

Okumak istiyorsam, masrafları karşılayacağını, karşılığında hiçbir şey istemediğini, ayrıca okul bitince iş bulmamda yardımcı olacağını söylemesi... Ağabeyliğini yaptı o akşam. "Tamam!" dedim. "Ancak, bir şartla masraflarımı karşılamanı kabul ederim." Şartsız kabul etmemde ısrar ettiyse de direndim, şartımı dinledi. "Ağabey, okulda ne oldu?" Sorum üzerine o bildik suskunluğuna yeniden gömüldü. Çayını yeniledim. O bir sigara daha yaktı. Yıllardır içinde yanan bir ateşin dumanını savururmuş gibi üflüyordu sigaranın dumanını. "Okulun bittiğinde söz, söyleyeceğim," dedi.

Anamı güç bela razı ettik. İki sene daha gurbetlik olacaktım. Af da çıkmıştı. İşlemediğim suça af çıkmıştı. Döndüm. İkna odalarına, kapı görevlilerine, yüzüme bakıp aptallaşan "kardeşlerime" takılmadan vardım okula. Öğretmenlik diplomasını alacağım fakülteye bir daha vardım. Bir yıkık döküklük, harabelik, bir bayağılık vardı sanki bölüm koridorlarında. İki yıl boyunca ne bir öğrenci dergisi, ne de bir başörtüsü yürüyüşü görebildim koskoca okulda. Derslere koşturuyor, ödevlerle boğuşuyordum. Diplomamdan çok ağabeyimin okulu bitirdiğimde anlatacağı öyküsü, hayatını altüst eden olayı dinleyeceğim günü iple çekiyordum. Bu şehre benden önce okumaya geldiği, yıllarını belki de benim geçtiğim yollardan geçerek tükettiği halde senede bir de olsa gelmemişti yanıma. Belki de benden habersiz geliyordu. Gerçi öyle olsa, yengem çoktan söylerdi.

***

Geçenlerde ağabeyim geldi. Diploma töreninden önce gelmesine mi, benim burada olduğum uzunca zaman içinde gelmemesine mi şaşıracaktım? Şaşıramadım da. Çok ağır bir öyküyle geldi. Hamdi'yi götürürlerken bile bu kadar içlenmemiştim. Altı polis yaka paça götürmüşlerdi Hamdi'yi. O gün, Hamdi'yi götürdükleri o karakış gününde yığılıp kalmıştım Zeynep Kamil Konağı'nın önünde. Okula alınmayışımızın ilk haftasında zapturapt altına alacaklardı direnişi. O günden sonra Hamdi'den hiç haber alamadım. Partiye yakınlığıyla bilinen vakıfta çalışıyordu. Ama vakıftan kimse, bir Allah'ın kulu da çıkıp Hamdi'ye ne olduğunu soruşturmamıştı. Emniyete kızlarla kaç kere gittimse kapılar yüzüme kapandı. Yetmezmiş gibi bir de o sivilin söyledikleri, güya bize duyurmak için sesini yükselterek, "Hepsi haremlik. Dertleri haremin sultanını bulmak. Bunlara ne yapsan az..." Doğru, bize az şey yapmadılar. Ama Hamdi'ye kim bilir ona neler yaptılar?

Darbecilerin kurduğu kurumu protesto edeceklermiş o gün. Fakültedeki tüm gruplar Hergele Meydanı'nda toplanmış. Fakülte dışında polis barikat kurmuş, okula giriş çıkışlar tutulmuş. Ağabeyimin içinde bulunduğu grup önden çıkacakmış. Polisle pazarlık başlamış. Ardından itişip kakışmalar... Bir ara polisler çekilir gibi olmuşlar. Öndeki grup ileri atılıp caddeye çıkınca öğrenciler arkadan yüklenmişler. Nasıl olduysa okulun o dar kapısı kapatılmış. Polis çemberinin içerisinde on beş yirmi öğrenci sıkışıp kalmış. O sırada okulun içinden iki el silah sesi duyulmuş. İki el silah sesi iki köpek havlaması gibi diğer sesleri çağırmış. Kurşunların ulumasına dönüşmüş tüm sesler.

Ağabeyim ilk doğan kızına Sevilay adını vermişti. Kimse de cesaret edip soramamıştı, ailemizde yedi göbek olmamış Sevilay adını nereden bulduğunu.

Başıma taktığım o peruğu okul komiserinin önünde yere atıp iyice paspas yaptım. O, bön gözleriyle bakıp ağzına yakışmayan bir şekilde "Allah Allah!" dedi. Hamdi'ye ilk yumruğu atan da oydu. Belki...

İki işgüzar, polis komiserlerinin karşısındaki kızı yaka paça tutmak için atılıyorlar. Kız, Sevilay'ın katledildiği, Hamdi'nin dönmemek üzere götürüldüğü eşiğe bakıyor.

Aslan avcısı Hamza atından iniyor. Elindeki yay kirişiyle emir kullarını yerle bir ediyor. Kızın aklına Uhud akşamı geliyor. Peygamber'in, ağıt evleri arasında dolanırken Hamza'nın evinin önünde bir tek ağlayanın bile olmadığını gördüğü an söylediklerini düşünüyor. Medine'nin kadınları Peygamber'in sözleri üzerine Hamza için ağlıyorlar...

Kız, sindiği yerden kafasını doğrulttuğunda Ammar'ın, Bilal'in, Zeyd'in, Sümeyye'nin gülümseyen yüzleriyle karşılaşıyor. Kenara çekildiklerinde, şehadetini her okuduğunda ağladığı Hamza elindekini kıza uzatıyor. "Al kızım, ört başını! Seni götürmeye geldik. Peygamber seni istiyor."

Durgunluk. En azından şimdilik durgun; elimle dokunduğum, gözümle gördüğüm, kokladığım... Neredeyse her şeye sinmiş bir durgunluk.

KAYIP HİKÂYE

Bugün çok yorgunum. Uyumak, düşümde atlar görmek istiyorum. Uçsuz bucaksız bozkırda, uçsuz bucaksız atlara binmek istiyorum. Artık, seni düşündükçe daha fazla yoruluyorum. Anneni de çok yormuşsun. "Oğlan, oğlan! Sen aklıma geldikçe olduğum yere çöküp kalıyorum," diyordu sanki karşısında sen varmışsın gibi.

Bendeki yorgunluğu annen anlar mı? Bilmiyorum, ama o uçsuz bucaksız atlar anlar sanırım. Üzerinden unutulmayan, acıtan bir tarihin geçtiği, yabanımsı, dizginlenemeyen atlara anlatmak istiyorum bu yorgunluğu. Öyle, ansızın kaybolmuştu atlar. Birileri, "Öldüler," diyordu. Sen "Gittiler," diyordun. Zaten hiçbir zaman acımasız değildin. Bir umut mutlaka olurdu senin sözlerinde. O atlar, bir gün geri döneceklerdi. Tıpkı senin gibi gitmişlerdi. Fakat sen dönmeyecektin! Ya atlar da dönmezlerse? Yelelerinde muradımın asılı gittiği atları, yalnız düş bahçelerimde mi görecektim?

Ben, bu köyde kaybolanları ararcasına etrafıma bakarken, annen de bana bakıyor. Bana bakmaktan çok, beni tane tane eliyor sanki. Bana dair anlatacaklarımı merak etmiyor da kendime dair anlatacak bir şeyim var mı, onu sorar gibi bakıyor. Atları, bastonları ve kayboluşunu unutuyordum. Sonra, bir kurgu romandan fırlamış gibi yaşadığımız o son gün geliyor aklıma.

O sabah bizi erken almışlardı içeri. Olası bir eylemi kırmak için akşama kadar tutmuşlardı karakolda. Akşam seni evde bulamayınca, başına bir şey geldi korkusuyla çalmadık kapı bırakmamıştım. En sonunda aklıma kampüs gelmişti. Gececi öğrencilerin çıkış saatinde okula varabilmiştim. O taşın yanında kös kös oturuyordun. Etrafın izmaritlerce sarılmıştı. "Eyvah!" dedim, "bu artık yüzyıl konuşmaz." Ama konuştun. Herhalde o köyün yakınlarında bulunduktan sonra da o günkü gibi konuştun. Bağıra bağıra konuştun.

"Tam burada, işte şu taşın yanında, öylece bekledim.

Kar demeden, kış demeden; dost var, düşman var demeden gelip geçenin gözünün içine baka baka bekledim. Anlatacağın hikâyeyi dinlemek için bekledim. Ama sen gelmedin. Senden önce onlar geldi.

Büyücüler, ellerinde rengârenk camdan küreler, peşlerinde büyü kurbanları, yanlarında çömezleriyle "yeraltının kara büyüsünü" bulmaya gittikleri üniversite kampüsünde hiç kimseyi bulamadılar. Cübbelerini ve uyduruk kürelerini attıklarında Latin bir rüzgâr esti amfilerde. Gelenler büyücüler değil, Tupomaro gerillalarıydı. Kahraman diye öğretilen tüm güruh bizi yuhaladı. Alayın bini bir paraydı. Kolluk kuvvetleri galeyana gelip kampüsün dört bir yanını sardığında alanda militan namına kimse kalmamıştı.

Biliyordun. Bu rüzgârın nelere mal olacağını bilen bir tek sen değildin. Gelmemekle haklı olduğunu sanmıyorum. O kız geldi. Sonra, burslarıyla zor ayakta duran öteki çocuklar da geldiler. Hatta Harem-Gebze dolmuşlarında muavinlik yapan Necat da geldi. "Liselim" dediği kız için geldiğini söyleyenlere inanma. "Ulan hiç mi delikanlı kalmadı bu âlemde?" diyen emekli muhasip Muzaffer Bey'e inat gelmiş. Eline kaptığı levyeyi kime indirecekti bilmiyorum ama kampüs girişinde o demirin kolluk kuvvetlerince nelerde kullanıldığını gördüm."

"Bacım! Biz de emir kuluyuz. Zorluk çıkarmayın." Adı, Mahli'ydi. Liseden bilirim. Sanat okulunun takım kaptanı Mahli. İki bacısı, bir de anasına bakmak için liseden sonra askere gidip dönüşte kaporta dükkanı açmayı düşünüyordu. İki bacısına, bir anasına bakarken emir eri olup da amirine, yasa koyuculara, asıl yönetenin ağzına bakacağını hiç düşünmüyordu. Bu memlekette yaşamak güç, ekonomik şartlar hiç de iç açıcı değildi. İşsizlik sigortası bir cadı masalı, tarım ülkesi olmak hayali bir kavramken şehit Battal'ın oğlu Mahli'nin yapacak başka bir işi yoktu. Düğünü, "Haremlik selamlık olmazsa hiç olmasın," diyerek yaptı. Kızının adını Hacer koydu. Birileri gelip de "Avradını," diye başlayan cümleler kurana kadar her şey iyiydi. Emir kulu olduğunu başına kaskını, sırtına sert plastikten yeleğini, eline copunu aldığında daha bir anladı. Sabah işe gelirken kaynı Necat söylediğinde inanamamıştı günün fırtına günü olduğuna. "Öyle bir şey olacaksa bile sakın varma oraya," demişti Necat'a. "Ne o, benim yerime sen mi varacaksın oraya?" dediğinde bayağı içerlemişti kaynına. "Ne olur Necat burada olmasın!" diye çok dua etmişti. Eğer geldiyse, bir daha cemaat olup namaz kılamayacaklar, Hacer kızı alıp "Dayını mı beni mi daha çok seviyorsun?" diyemeyecekti. Diyemedi de…

ONURLANDIRAMADIKLARIMIZ

Verdiklerini ifşa edenlere

"Kara siyasa" derdiniz. Çok uzun nutuklar irat eder, gerdanı, göbeği ve pahalı arabaları olanlara selam vermezdiniz. Onlarla aynı safta olmaktansa cemaatsiz kılmayı dilerdiniz namazı.

Fotoğrafınız çekiliyordu. Dik durmalı, üzerinize çeki düzen vermeliydiniz. O fotoğrafçıyı bir yerlerden tanır gibiydiniz. Neyse... Birazdan ödül vereceğiniz sanatçılar gelecekti. Yatırımın iyisi kötüsü olmazdı. Müteşebbisleri çok seven romancı kadına söz vermiştiniz. İyi etmiş de söz vermiştiniz. Hem az mı savunmuştu sizleri. Ya ötekiler? Onlar da onore edilmeyi hak eden güzide şahsiyetlerdi elbet.

İlk başlarda üç beş kişiydiniz. Büyük hayalleriniz vardı. Piyasa yabancıların, kökü bu topraklarda olmayanların elindeydi. Mevlana bir hümanist, buğdayımız Rus, elektroniğiniz General Elektrik olmuştu. Bu gidişe dur demek her yiğidin harcı değildi. Bu ülkenin çocukları üç beş patronun ağzında ekmek arayacaklardı. Bunu kabul edemezdiniz.

Bir şubat sonrasıydı. Fen Fakültesi'nin önündeki öğrenciler okula alınmıyorlar, yakında okuldan atılacakları söyleniyordu. Başyazarlardan biri büyük sözler ediyor, atılan "kardeşlerimizin" büyük şirketlerimizde çalışacaklarını, halkımızın onlara onur diploması vereceğini söylüyordu. O sene son sınıfta olan onlarca öğrenci türbanlı oldukları gerekçesiyle okullarından atıldı. Hiçbir şirkette iş bulamayan kızlara halk, onur diploması yerine iş tutmuş kocalar vermeyi vaat etti.

Başyazar, Avrupa'nın saygın kuruluşlarından "barış" ödülleri aldı. Büyük şirketler, eksiltili maaşla çalışırlarsa diplomasız kızları çalıştırmayı kabul ettiler.

Suyun öte tarafında "Veren el alan eli bilmez," bu tarafında "Üreten el tüketen elden üstün," derler. Karın tokluğuna çalıştırırlar, hakkını vermezler. Ulufeyi, haracı bilenlerden maaş alamazsın. Seni senden alırlar da vermeyi bir zül kabul ederler.

Yine de gittin, anneni getirdin. Kardeşin de yanında okuyacaktı. Seninle tanıştığımızda beş tane makinen, bir de onsuz olmaz dediğimiz "emanet"in vardı. Aradan üç yıl geçti. Şükür, kardeşin o paralı okulda dereceye girdiği için harç derdinden kurtuldun. Annen sıcak bir evde oturuyordu ama bir kere doktora götürememenin pişmanlığıyla eziliyordun.

Boşnak bir duruşun vardı. İlk gördüğümde Balkan göçmeni sanmıştım. Heybetini, yirmi kiloluk çantan, her gün omzuna atıp da gece yarısına kadar taşıdığın çantan alamamıştı senden. Kabadayıca sevdiğimiz, serserice sokaklarına serildiğimiz bu şehir, Bizans'tan kalma bir intikamla hücum ediyordu üzerine. Bu şehrin baronları, bu şehrin muhafızları vardı; dantel gibi işlenmiş kıvrımlarına baktığımızda gözlerimizi oyan muhafızlar... Oysa gözün olmadan hiçbir şey yapamazdın. Makineyi eline alıp o ucube çehreleri güzelleştiremezdin.

Güzelleştirdin. Kaç tane köşe yazarının, kaç tane holding yöneticisinin fotoğrafını çektin. Yüzlerini güzelleştirdin. Albümler, bültenler, kataloglar hazırlaman için her neredeysen arayıp buldular seni.

Soğuk şubat günlerinden sonraydı... Birer birer satmıştın makineleri. Bir tek "emanet"in kalmıştı. Elinde yeni makineler gördüğümde, "Bunlar da emanet," demiştin.

Ağabeyinden şikâyetçi olurdun zaman zaman. "Stüdyo açıp zengin olmamı istiyor," diye verir veriştirirdin. Anneni de o sıralar getirmiştin yanına. Üç yıldır ağabeyinle konuşmuyor, ondan gelen yardımları geri çeviriyordun. Seçimini yapmıştın. Ne suyun öte tarafına geçecek ne de ağabeyinle barışacaktın. Şiiri mecburiyetten kabul edenlerin tarafında kalıp, fotoğrafın bir sanat olduğunu öğretecektin onlara.

Anneni sorduğumda, "Gece varıp sabah gün ışımadan çıkıyorum. Yüzünü gördüğüm mü var," diyordun. Ev kiranız da iki kat artmıştı. Kardeşin "Yemiyor, içmiyor, doğru dürüst yüzünü göremiyoruz," diye dertlenmiş, senin için kaygılandığını söylemişti.

Savaştan çıkmış bir Boşnak gibiydin. İslam ülkelerinin "lütfen" yardım ettiği Aliya'yı çağrıştırıyordu yüzün. Fotoğraf makinen Aliya kadar garplıydı baronların gözünde. Lakin yine de sensiz olmazdı. Onların yüzlerini iyi fotoğraflamalı, ikiyüzlülüklerini tek bir yüzleri varmış gibi göstermeliydin. Bizanslı ressamlar onları iyice boyamıştı, sana düşen Çinli ressamlar gibi ayna olup ayrıntıları vermekti.

Anneni getirdiğin şehirde büyük bir holdingin onursal ödül töreni vardı. Şeb-i Arus... Patronun seni oraya gönderdiğinde cebinde gidiş dönüş parandan gayrı metelik yoktu. Olmazsa olmaz dediğin "emanet"i yanına aldın, ne olur ne olmaz diye. Ola ki şevke gelir "düğün gecesinde" iki patlatırdın...

O şehirde kaldığın üç gün müddetince önceden tanıdığın birçok yöneticinin fotoğrafını çektin. Düğün gecesinde Âşıktan başka herkes vardı. Bir de aklına, "Senin sandığın vuslat yolu bu yol değildir. Senin bırakıp gittiğin can âlemi bu âlem değildir," diyen Âşığın emanet gibi duran mahzun çehresi vardı.

O gece şevke gelip de kurşun sıkacak "emanet"in yoktu artık. Emanet bir makinayla, poz veren eski tanıdıkların çokça fotoğrafını çektin. Sana borcu olan o adamlar seni hatırlamadılar. İçin rahattı, emaneti satmıştın. En azından bir hafta sıkıntı çekmeyecektiniz. Ama yine de ekmek bir kısım aslanların ağzındaydı.

Otobüse bindiğinde Âşığın kitabını eline aldın. Üç gün önce bıraktığın yerden devam ettin.

"Yabancıların sohbetinden uzaklaş, bu divaneden doğru bir söz dinle! Evini onlardan temizle ki arı gibi yüzlerce kovanı bal ile doldurasın."*

* Rubailer II, M. Celâlettin Rumi, shf: 100

NİSAN KÖRÜ

Bu kış hiç bitmeyecek. Adına da birileri sonsuz kış diyecek. Çok namert bir soğuk bu. Havada ne kar ne de tipi var. Yağmur yağdığı da yok. Kuru ayaz dedikleri de uğramış değil. Ama öyle bir buz kesiyor ki dokunan donakalır.

Beden hiç ısınmaz bu havada. Vücudun kimyası bozulur derler ya, tıpkı öyle oluyor. Soğuk nasıl oturmuş, pusuda, sarmalamış bekliyorsa, canlı beden de ona özeniyor. Hoş, durmakla bu hissiz ayazı kıracağı yok ya!

Anadolu böyle değildir, bilirim. Gerçi soğuk "Sivas'ta eğleşirmiş" ya, doğrudur. Oradaki harbi soğuktur. Orta Anadolu'da da vardır o ayazdan, kardan fırtınadan. Dürüsttür kış orada. Göstere göstere getirir soğuğu. Burada apansız bir baskın, gece yarısı operasyonu gibi dolar haneye. Tecavüz eder bırakır, haneyi de hanedekileri de. Belki biraz da bu sebeple insanları gizli saklı kimlikler taşır bu kentin. Kim dosttur kim düşmandır, kimde kemlik, kimde hayır? Bilinmez.

Gitme isteği sarar insanı bu soğuklarda. Gitmek... Buradan gidilsin, soğuk yakayı bıraksın da neresi olursa olsun, fark etmez. "Anamızdan doğduğumuz günden beri karlar yağar içimize," demiş şair. İçimiz de amma geniş, amma açık çığlara. Kasırgalar hapsolur bu şehrin insanının içerisine. Özlem olur, hüzün olur, hınç olur oturur yüzüne. Yüz ki haritası her gün değişen bir coğrafyadır, soğuktan ve soğukluklardan.

Gideceğim yer belliydi. Ah şu soğuk bağımlılık yapmasa, kemiklerime kadar işlemeseydi, biliyordum gideceğim yeri.

Orada iki güruh birbirine dokunmadan yaşardı: Günahkârlar ve yaşamaya korkunç gözlerde bakanlar. Her halükârda doymuşlar denilirdi oradakilere. Ete, kemiğe, çöpe ne varsa dünyada boğaza kadar pisliğe batıracak. Tüm nesne ve düşlere doymuşlar... Ama biliyordum bir şeye doymayanları içlerine aldıklarını: Hayret etme yeteneğini kaybetmeyenleri.

Ölümüne hayret ettim. Tüm sevgileriyle geldi kadınlar; annem, karım, kız kardeşim ve evvel ahir... Tüm sevecenlikleri ve kollarını açarak geldi dostlar. Yarenler, börtü böcek ve tehlikeli bahar. Ben en çok buzlu camlara, bir de 7.65'lik mermilere hayret ettim. En zarif güller o cam vazolarda dururken, yırtıcı bir aslan pençesi olup kaç delikanlının etini kıymık ettiğini gördüm şişelerin. İrfan'ın yanında vurmuşlar çocuğu, 7.65'likle. Eminönü'nde vurmuşlar Selcan'ı, yanında "Evet İsyan"la bir şişe köpek öldüren şarap varmış. 7.65'lik on üç mermi çıkartmışlar cesedinden.

Bir güz günüydü. Baştan ayağa göz kesmiştim, taşralı bir oğlandım ya... Ellerimle dokunurdum hayata. Anam Kadın öğretmişti ellerimi. El, öğrenilirdi. Elin halleri vardı. Ellerin neleri yoktu ki? Tuttum baştan ayağa göz kestim. Oysa Anam Kadın gözlerimi ıslak görmek istemezdi. Güz, gözleri ölümüne ıslatırdı. Bu kentin ıslatmadığı neredeyse hiçbir şey yokken, meydana attım gözümün nurunu. Önce paletler mi geldi? Yok, hayır! Birer birer geldiler. Gövdeyi eriten kurtlar geldiler. Anlamadım. Yanımıza kadar gelmişler. Et çürütücüler, dediler. Hiç aklıma gelmedi gözümü sipersiz bıraktığım. Gözümde "itdirseği" çıkmıştı çocukken. Birilerine götürdüler beni. O ki gözüme tükürdü, ardından da bir şeyler mırıldandı, o zamandan beri kimseye öptürmedim gözlerimi. Ama en çok, "Kayaya çivi çakarsan, gözündeki çıban geçer," dediklerini yapmak sevindirirdi çocuk gönlümü. Kayaya değil, toprakla kayanın buluştuğu yere çakardım çiviyi. Demek o zamanlardan kalmış ucuza kaçmak bende. Tedbirli olmayı beynime bir mıh gibi çakamadığım için gözümü kaybedecektim neredeyse. Az kalsın sivilin attığı yumrukla kör olacaktım. Bu kent kimlikleri saklar dedim ya, işte o da bizim aramızdaymış. "Kim vurduya gidersin," derdi Anam Kadın, "sakın anarşik olaylara karışma!"

"Analardır Adam Eder Adamı" türküsünü söyledim onca sene sobasız, kaloriferesiz, ısıtıcısız kış günlerinde. Anam Kadın'ın köydeki sobaya sap, saman, saçkı, koyun gübresi atışını hatırlar da ısınırdım. Birdenbire çocuk, birdenbire tembih, birdenbire cesurdum o zaman... Aysel'i soğuk bir hücreye kapatmışlar. Sırnaşık yüzler, taş zemin, mektupsuzluk, bir de vurmuşlar sevgilisini. Vay anam babam, vay!

Sulu yağmıştı kar. Yine de yerleri tutmuş, "bu sokaklar benim" dercesine yere jöle gibi yapışmıştı. Kolumdan sürüklüyordu İrfan. Gözümü tutmaktan bastığım yerleri göremiyordum. Şu sulu karın içine bir aksa, ah bir aksa gözüm, ömür billah alıp da yerine koyamazdım, diyordum ya içimden, çok gülesim vardı. Silah sesleriymiş o sırada kulağıma gelen. Birden yere yatmaz mıyız o sıra! Hayal meyal, pelte olmuş kara dağılan kırmızılığı görebiliyordum. İrfan'dan değildi. "7.65'inize..." diye küfredip atıldı ileriye. "Nereye?" diyemedim.

Herkes yerini aldı. Kar kalktı. Nisanda yerli yerince öğrencilik mevsimi başlamış, kampüs girişindeki kandan iz bile kalmamıştı. Polis kabininin yanındaydı, o yeri adım gibi biliyordum. Şimdilerde tam da o taşların üzerine dedektör yerleştirmişler. Her yerde dedektör! Pasaport bile alamıyorum dedektör korkusundan. Bir de "Nizar Kabbani ölmüş," dediler o sıralar. "Başka?" dedim. "Yok mu giden?" Bir Arap İngiltere'de nasıl üşürse, öylece üşüdüm o gün. Bahar geliyor dediler yine de... Doğruydu. Bahar geliyordu. İrfan yoktu. O karlı günde hayal meyal bileklerine geçirdikleri kelepçeyi ve "O'na iyi bakın!" diye seslenişini hatırlıyorum. Benim kör olacağımdan korkmuştu. Onu götürdükleri yer umurumda bile değildi. Tam on ay dokuz gün Bayrampaşa'da yattı. Umutlu mektupları geliyordu. Bursa Celladı'ndan, pısırık mafyacılardan, daha birçok şeyden anlatıyordu mektuplarında. Ama anlatmadığı bir şeyler vardı. Bunu ürpererek hissediyorduk. Ziyaretine varmamızı da istemiyordu. Açlık grevi, isyan, ne varsa hapishaneye dair tam ortasında duruyordu olayların. Gazetede gördüm ilkin. İnanamadım gördüğüme. Zayıflamış, sakalı uzamış, bir de gözleri yumuluydu. Zannettim ki fotoğraf çekilirken gözlerini kapattı.

Nisanda olmuş. Benim gözüm iyileşmişti. Ama onun gözüne bir kırık şişeyle vurmuşlar.

Eve geldiğinde sol gözünde siyah bir bant vardı. Birileri simsiyah izlerini bırakmışlardı İrfan'ın yüzüne.

Yine de sağ gözü olduğu müddetçe tehlikeli bahar onu yıkamayacaktı.

II. BÖLÜM

ÇIĞLIK

Müzik kesilecek, ahenk yerle bir olacaktı. Kitaplardan tek bir hece bile alamayacak, buruşuk sayfalara ağlayacak, ampul olur olmadık yerde ışığı kesecek, karanlığa teslim olacaksın.

Dilin tutulacak, gözün kararacak, yüzün kızaracak, ayakların dolaşacaktı. Mum söndüğünde anlayacaktın o soğuk hücredeki sesin kalbinin sesi olmadığını. Bağrında yıllardır işlemeli bir mendil gibi taşıdığının ötekinin zehir zemberek sesi olduğunu anlayacaktın.

Kalkıp yeniden kendini kurmanın ne kadar meşakkatli olduğunu bilmenin acısı çökecekti beynine. Düşünmemek için ilenecektin. İlendiğin mabudunu gözlüyormuşçasına pencereden sızan loş ışığa dikecektin yaşlı gözlerini. Dışarıya kapıların kilitliydi. Dışarısı içeri girmişti oysa. İçine çöreklenmiş bir yılan gibiydi öteki. Onu susturmak imkansızdı.

Özel Harp Dairesi'nde dayın yoktu. Ötekine şantaj yapmaya yardımcı olacak medya mensupları etek altlarından, yatak odalarından çıkmaz olmuşlardı. Uzlaşmacı liderler ellerini sokamazlardı kalbine. Öteki, öfkeyi ve kini kuşanmış, terörü başlatmıştı kalbinin tam üstünde. Ama sen ne içindeydin ne de dışındaydın. Zifiri bir zindanda bekliyordun.

Bekliyordun.

Rüyalarında saldıran Arapları hayal meyal çıkarabiliyordun uyandığında. Rüya mı gerçek mi bilmiyordun yaşadıklarını.

Önce elektriği kestiler.

Sonra mumun tükendi.

Üstüne üstlük pencerelere demir perde kapattılar. Vakit, gündüz mü gece mi bilmiyordun. Ara sıra hücreye ince bir ışık huzmesi düştüğünde, "güneş ışığı" sanıp sevindiğinde bahçe lambalarını kapatıyorlardı. Derin bir kuyuya yuvarlanmışçasına gömülüyordun ranzana. Ötekinin sesi celladın olmuştu. Bir görüntüden başka direncini sağlayacak bir kuru yaprak bile yoktu.

Sanırım sağır sessizlikte derin uykulara dalabiliyordun. Bağırmalarını duyan yan hücrelerdekiler, "Uyandı," diyorlardı. Uykudan kalkanların hayatla karşılaşınca, heyecanlanacaklarını anlatırdın çok önceleri. Gecen uyku, gündüzün çığlık olmuştu.

Bir zan üzerine içeriye atmışlar seni. Hikâyeni sen buralardan göçüp gittikten çok sonra öğrendim. Zan altında kalmak omzunu çökertti dediler. "Hayat boyu bir zannı taşıyamadı," dediler.

Ötekinin senden daha kuvvetli olduğunu anladıklarında salıvermişler unuttuğun bir hayata. Kendi gözünde bir böcek kadar küçülmüşsün. Mektup yazmak için kırtasiyeleri altüst edip, bir tek temiz kâğıt bulamamışsın. Sevgilin ilkel bir insana tahammül edemeyeceğini internet aracılığıyla dünyaya duyurmuş.

Mezarlık, bir tek mezarlık vardı sende. Tüm borçlarını ödemiş, bir can borcun kalmıştı da alacaklını unutmamıştın.

"Gitti," dediler. "Gitti asil koyunlar gibi doğduğu yerde ölmeye gitti." Artık hikâyeler anlatıyordu insanlar. Onun bunun hayatından kopardıkları artık hikâyeleri anlatıyorlardı.

Senin ötekini öldürmeye gittiğini sadece dilsiz resim biliyordu, zindanda hatırlatıcın olan görüntü.

Sayende psikoterapistler bayağı prim yaptılar. Hücreden çıktıktan sonra onca yıl konuşmaman üzerine "şokta olduğun" için, baskı ve unutmak isteği gibi konularda uzun uzun açıklamalar yaptılar.

Öteki öldüğünde derin bir nefes aldım.

Bilge konuşmasına kaldığı yerden devam etti.

O gün Kızılderili reisleri ve Tibet rahipleri geldiler sohbete.

Uzun uzun sustu çağın yorgun çocukları. Zanlı olmalarına karşın suçsuzluklarını yüzlerinden okuyabiliyordum.

Roxane utancından ağlıyordu. Yıllardır anlayamadıklarına ağlıyordu. İhtiyarın ölmesi gerekiyormuş sevgisini ispat için. Karabasanlarla beslenmiş bir ömür boyunca asilzade. Yine de içindekini öldürmeden çıkmamış Roxane'nin karşısına.

Bilgeyi ağlarken hiç görmemiştim. Asilzadenin ölümünü anlatırken hüngür hüngür ağlamaya başladı. İfşa ettim diyen bilge asasına yaslanarak çıktı kapıdan. Dışarı çıktığımızda bilge kaybolmuştu. "Dışarıda ötekinin kokusu var," dedim.

Mezarlığa koştum. Sen yoktun, zifiri karanlık çöktü gözüme. Cenazene sarılmış bir çığlık bıraktım. Öteki belki de ilk kez seni düşündü. Sanırım o da ağladı. Havada, yağmur sonrası toprak nasıl kokarsa öyle bir koku vardı.

ALAMETLER MABEDİ: HURAFELER KİTABI

Artık yırtarak açtığımız zarflarda
ne kargış ne infilak
yalnız koynunda çaresiz.
İ. Özel

İman ölümlerinden artakalmış bir ibadethanede, zamansız bir kuş öttü. Mahşerin bütün atlıları geçip de süvari alaylarının kayıp olduğu zamanlarda kasabalıların yırtık pırtık elbiselerle hacca gitmeye hazırlandıkları rivayet olundu.

Yıkık mabedin önünde durdu yabancı. Atından inip dua etti. Kime dua ettiğini bilmediği zamanlarda yaşamayı istemeyen yabancı yine de dua etti. Göklerin şarkısını son bir kez daha duymak dileğiyle, "Amin" deyip atını şaha kaldırdı. Hayır, atı mecalsizdi ve yabancı atın şaha kalktığını sandı.

Dul kadın kocasını aramaktan feragat etmek üzereyken düştü mabede. "Yol ver Tanrım, yol ver gelsin yiğidim, yoksa el olurdum gayrı!" dediğinde dul kadın, yıkıntıların üst tarafından bir tahta parçası düştü. "Alamet," dedi kadın. "Dönecek," dediyse de kalbi şeytan yuvasıyken nasıl umut ederdi? Mabedin kuşu bir kadının son çığlığını duydu o gece.

Bir de Acer Han'ı vardı mabedin. Gece mihrap kısmında uyur, gündüz kasabada aylak aylak dolanırdı.

Hasılı, "Yazı olmasaydı ne iyi olurdu" dedi. "Doğru" dedim. "Yüzleşmeyi, anlaşmayı, duayı unutmaz, miras bırakma, kültürleşme gibi kaygılarımız olmazdı," dedimse de Peygamber'i hesaba katmadığımı gördüm.

Mektubun gücünü bilmiyordu mabetteki kadının sesini hiç duymayan ve duymayacak olan çocuklar. Telefonla doğmuşlardı. Behlül'ü, Rafizi'yi Arkoun'u ve Muhiyiddin'i sana yazarken hatırlamadığımı sen de bilmiyordun, bencildim. Yazılarımda kendi irşadımı yaptığımı hiçbir tebliğci bilmiyordu.

Ama hiçbirimizde cesur yürek yoktu artık. Nefsinizi zorlamayın, başkalarına değildi sözlerim. Nefsim ordu ordu iken kime sesleneyim? Neyse ki cümbür cemaat ölümlere setler kurmak için anlaşılması güç birliktelikler vardı. Lakin iblisin parmakları çelimsizdi ama kolu uzundu, ama "Kalpleri iki parmağı arasında evirip çeviren, Allah'tı." İncil, şeytanı da soktu devreye. Ne kadar dışarıda göz varsa bakma, o gözleri okuma hissi, geldi bir kaya gibi oturdu o gün şeytanla.

Şimdi sokaklar ve milli kütüphaneler bensiz. Postaneleri de meşgul etmiyorum ki bütün iç çekişlerin tortulaştığı denizlerden hürriyeti çıkarmaya da meyilli değilim. Zindanlar mevsimi. Yusufiye'de gece bitmek bilmiyor ve "Müntekim olan Tanrımız mı devrede?" diyor ayartılmış yanım.

Teslimiyeti ve bağlılığı tam tekmil dünyanın ara sokaklarında arayanlara yazılan manifestolar... Artık devr-i huruçtur; bütün kuşların vurulup uzaklara, yıldızlar gibi kayıp, sütçesine akıp giderlerken garibi öksüz, garibi imansız bıraktıkları zaman.

"Önce kanat geldi, sonra melek."

Ve şimdi kanatlı olanların hürriyeti de leyleklerin kırlangıçları göğüslerinde uzaklara taşıyıp götürdükleri melül ıstırap anlarına erdim.

Ve şimdi Neriman'ın İran mitolojisinde ağırlandığını, kitaplarınınsa, Bağdat'ta Moğol baskını sırasında yandığını biliyorum. Mahşerin beşinci atlısının teklifi değil, anlatacak çok şeyi var gibiydi. Ama mabet civarında bir daha görülmedi.

ZIMAGRAS

Bir gün yolum bedevilerin konakladığı vahaya düştü. O güne kadar gördüğüm tüm kabilelerde çokça kadından ve Tanrı'dan bahsedildiğini duymuştum. Sanki etten duvarlardı o kabileler. Önümdeki vahada ise bedevi erkekler rüzgâra kılıç çekmişler adeta savaşıyorlardı. Bir adam bana: "Bu rüzgâr diğer üçüne benzemez. İnsanda kol kanat bırakmaz" dedi. "Hortum mu yoksa bu?" dedim. Bir deli gibi baktı yüzüme. "Hayır! Bu Zımagras'tır. En kuvvetli, en gaddar, en namert, en bencil, bilmem daha ne belalı anlamları vardır içinde. Kanlı rüzgâr. Kanlı der Tuarekler buna!" diye bağırdı. Kadınlar zılgıt çekiyor, çölün sürgün kralları şairler şiirler diziyorlardı rüzgâra direnenlere.

Sadece bekliyorlardı. Kılıçlarını çekmişlerdi ama kollarında derman kalmamıştı. Yine de sabır heykelleri gibi Zımagras'a karşı duruyorlardı. Ötekiler yaptığı gibi ne kadından ne de Tanrı'dan bahsediyorlardı.

İçimden dedim ki onlara: "Ey savaşçı halk! Umudunuzu yitirmeyin! Zira direnişe ve onura sahip çıkamayanların şiiri olamaz! Ve de Tanrı kaypak ruhları, gevşek tenleri sevmez."

Zımagras'ın saldırdığı diğer kabilelere doğru çektim gittim.

Zımagras'ın kimin karşısına çıkacağı belli değildi.

Zımagras'ın kimin karşısına çıkacağı belliydi.

SÜRGÜN KRAL

Onları gördüm. Kumsaldaydılar. Bir kayanın ardından kulak verdim söylediklerine. Deniz ne kadar izin vermişse, ben de o kadarını anlatacağım duyduklarımın.

"Toprak bitti. Denizin başladığı yerdeyiz," diyordu bozkır şiveli olanı. Sesinde toprağa eseflenen bir tını vardı.

"Kış bitmiyor ve sonsuz bir soğuk kemiklerimi esir etti sanki," diyense hırıltılı bir sesle dağılıyordu sanki.

"Sonu gelecek ama biz göremeyeceğiz. Denizi geçseydik, bize bir yol verseydi... Belki o zaman bu göçün sonunu bulurduk," diyen adamın rehber olduğu kanaatine vardım.

Uzunca bir zaman sözü sözden, sesi sesten ayırt edemedim. Gelenler vardı. Saklandığım kayanın arkasından kafamı uzatıp bakmaya korkuyordum. Kadın sesleri çocuk seslerine, insan sesleri hayvan seslerine karışıyordu. Hem terliyor hem de üşüyordum. Yidişçe mi, Arapça mı olduğunu anlayamadığım bir ses duyar gibi oldum. Sanki tüm canlıları sükûnete davet eden bir çağrı vardı bu seste. Deniz bile duruldu sandım. Oysa deniz aynı hırçınlığında sesi bastırmaya çalışıyordu. Bir dişinin mi, yoksa erkeğin mi olduğunu anlayamadığım ses yine de duyulacak kadar berrak, deniz izin vermese de içine akan bir ırmak gibi akıyordu dört bir taraftan...

"Neden bu adam denizle konuşuyor? Sanki onu anlayacak mı?" Kayaya iyice yaklaşmış olan bu ses, bozkır şiveli olanındı.

"Sanki sana konuşsa, sen anlayacaksın ya! Şaman mıdır, rahip midir anlayamadım şef, sen biliyor musun bu adam kimdir?" Bir ulak sesi kadar terbiyeli konuşuyordu adam. Rehber diye kanaat ettiğim adamın sesi geldi kulağıma.

"O adam, denize bir kadına serenat yapar gibi konuşan, hırpani elbiseleri, kemikleşmiş asası, nasırlanmış ayakları, günahın bin türlüsüyle pişman olmuş yüreğiyle İmr'ül Kays'tır. Emir de diyen vardır. Asıl, Gezgin Kral diye bilinir. Bizim gibi kovulmuşların kralıdır o."

Niye saklanıyordum ki artık? Madem beklediğim adam geldi, ben de ortaya çıkmalıydım. Çıkamadım. Sesi hırıldayan adam, ağlayarak bir şeyler söylüyordu. Öldürülen atları, kaçırılan karısı, komşularına bıraktığı aç çocukları, fırtınada yıkılan kulübesi ve ürün vermeyen tarlası... Ölü babasının kemikleri üzerine yemin ederek, Gezgin Kral'a hepsini anlatacağını söyledi. Tam o sırada gökyüzü yırtılır gibi oldu. Deniz ve gökyüzü durulduğunda Gezgin Kral'a bağlılık yemini etmiş tüm halkların sesini yüreğimde duydum. "O geldi. Daha ne bekliyoruz?" Göğüs kafesim çatlayacak gibiydi. Bir elimle kalbimi sıkıca tutup diğer elimi sıkı bir yumruk edip saklandığım yerden çıktım.

Ne deniz vardı ne de gezgin halklar! Gözümün önünde alabildiğine uzanan deli sarı bir çöl vardı...

Saklandığım kayanın yerinde -kaya yoktu!- sıska, kara bir teke vardı. Dikkatle baktığımda boynuna asılı rulo yapılmış bir parşömen gördüm. Teke, sıska olmasına rağmen iyi koşuyordu, yakalamam kolay olmadı.

Açtıkça uzuyordu parşömen... Arapların sonsuz dediklerindendi belli ki. Günahlarını altın suyuyla yazmıştı adını bilmediğim kavim. İsaf ve Nâila'nın sözleriyle başlıyordu parşömendeki yazılar.

Yenilmiş ve günahkâr ruhların tüm ilençleri vardı bu yazılarda. Sesler geliyordu kulağıma. Başımı parşömenden kaldırdığımda çöldeki kum tepeleri sandığım yükseltilerin etten halklar olduklarını dehşetle gördüm. Birbirlerine kadını ve Tanrı'yı anlatıyorlardı. Durmamacasına konuşuyorlardı. Tanrı ve kadının bir uğultuya dönüştüğü çölde tekenin güldüğünü duyabiliyordum.

Parşömen, seslerden parça parça olmuş, havada uçuşuyordu. Elimde kalan bir parça parşömende, "Tanrım bizi unutma!" sözünün altında uzayıp giden telefon numaraları vardı.

Etten halkların sıradağlar gibi uzandığı tarafta bir fırtına koptu. Üzerime gazeteler, selamlar, petrol, nikotin, afyon kokusu, kirli evraklar, maskeler, iş başvuruları, el ilanları savruldu. Ardından İktidar Babam ve Gelenek Annem beni ülkeme çağırdılar.

Vardım. Ben de Tanrı'dan ve kadından konuştum. Ve bir kâğıdın üzerine telefon numaramı yazmayı da ihmal etmedim.

KAPLANIN RÜYASI

"...bir büyük ormandaymışım. Yanımda yavrularım. Ceylan avlarında talimler yaparmışız. Yurdumdan uzakta bir ülkeymiş. Onları ilk gördüğümde ellerinde delikli demirler vardı. Ceylan avlarında gördüğüm kan, yavrularımın üzerine sıçramıştı. Adamların ellerindeki delikli demirin gözünü görmek için ısrarla bakıyordum."

İngiliz tüccarlar Hindistan'a ilkin 1600'lü yılların başlarında varmışlardı. İlk iş olarak Hint kumaşını işlemeye yarayan bir fabrika kurma girişiminde bulundular. Elimizdeki kaynaklar İngilizlerin ancak 1800'lü yıllarda Hindistan'da ticaret kolonileri ihdas ettiklerinden bahsetmekte. Zamanla toprağa bir yabancı gibi değil, yerli gibi basmayı öğrendi bu "papalangi"ler. Zamanla Afrika'da icra ettikleri "av partileri"ni Hint ormanlarında icra etmeye başladılar. Kaplanların bir darbede öldürüldüğünü gören yerliler "piştov"ların bir gün kendilerini öldüreceğini düşünmeden İngilizlere hayran hayran bakıyorlardı.

"...Sih ormanına doğru kaçıyormuşum. Önüme ne çıkarsa parçalamışım. İlk kez, bir insanoğlu bana karşı geliyordu. Adım "Maharashi" değildi. Ama kadın inatla "Maharashi" diye bağırıyor, eline ne geçerse bana atıyordu. O an fark ettim pençemdeki kanın yavrularımın kanına benzediğini. Kadının kolunda derman, dilinde söz kalmayınca yıkıldığını çok sonraları öğrendim."

İngilizler kaplanları kızdırmıştı. Eskiden uysal bilinen hayvanlar av partilerinden sonra köylere saldırır olmuşlardı. 18. yüzyılda kinlerini bileyen kaplanlar, 19. yüzyılda bir başlarına bir köyü yerle yeksan edebilecek gözü karalığa ulaşmışlardı. Kanlı Kaplan namıyla bilinen kaplanı öldürecek olana hem "Kraliyet" hem de "Racalar" ödül vereceklerini duyurdular. Kast teşkilatının üstten ikinci sırasında olmanın verdiği cesaretle bir subay, silahlarını kuşanıp Kanlı Kaplan'ı beklemeye başladı.

Beklerken ne düşündü, bir eşkıya bekler gibi miydi? Dokuz insanı parçalamış bir canavara karşı nefret duydu mu? Kaplanın yavruları olabileceğini düşündü mü? Tarafımızca bilinen; o gün kaplanın kaçacak mecalinin olmadığı, hatta önünde yatan bir kadını dahi parçalamak istemediği, otopsi yapan hekimlerin de teyit ettiği gibi son kurbanının on aylık bir bebek ve gözünün yaşlı olduğu...

Subaya Kraliyet nişanı verildi. Asker sınıfından olmasına rağmen asilzadelerin onur madalyasını aldı. Meyhanedeki arkadaşlarına:

"Üç kere üzerime atladı. Piştovu kullanma gereği duymadım. Kılıcımı dokuz kere ciğerine sapladım. Aslında ilk üç vuruşta ölmüştü. Ben olmasaydım oradaki kadını da parçalayacaktı!" dedi ve bir kupa şarabı başına dikti.

III. BÖLÜM

ZOR

Seni bu şehirde "popüler" yazar olduğun için okuyorlardı. Şehre geldiğim günlerde bir kitabın daha çıkmıştı. Dillerde sen vardın. Ama rüyalarına aldıran bile yoktu. Yazdıklarını sessiz sedasız okuyup bir kenarda hazmedecek kadar zamanım vardı ve popüler olmanın seni, öldürmekten beter ettiğini görüyordum. Senin kelimelerinle konuşuyor ama senin anlattığını anlamıyorlardı.

Bir gün, şair arkadaşının kitaplarını görmüştüm Beyazıt'taki kitap pazarında. Tezgaha düşmüştü. Çalınıp oraya gelmiş olması da muhtemeldi. Çok da indirim yaptılar. Cebimde param vardı, başkasının parası. Başkasının bir şeyini taşıyordum. Bu durgunluğumu da başkasının zannediyorum zaman zaman. Kitapları alamadım. Almak için benden daha kuvvetli sebebi olanlar yoktu sanırım. Olabilirdi de. Neden olmasın? İçindeki, Osmanlı minyatür çizgilerini yakalamak isteyen irşat görevlileri, "Tarih boyunca Türk romanında ışığın izlediği yol" konulu tez görevlileri, "Tarihi kullanıyor," "İkiyüzlü, yazdığını yaşamıyor" diyenler, senin ve arkadaşının kitaplarını kolayca satın alıyorlardı. Bakkaldan ekmek alır gibi alıyorlardı, bir ekmek gibi yiyemiyorlardı.

Öğrendiğim kadarıyla o insanlarla daha çok görüşüyormuşsun. Arkadaşın daha temkinli davranıyormuş. Bense varıp da anlatamıyordum, sizinle yıllardır uzun yolculuklara çıktığımı. Kimi sözlerinizin sizden ayrılıp bana ışık olduğunu bilmiyordunuz. Sen ağız olmuştun. Yardım etmiştin o cümlelerdeki esrarı çözmeme.

Edebiyatta lezzetten, güzellikten, estetikten, doğrudan dem vurmadan yazmayı becermiştiniz. Yazmak anlamını kuşanmıştı. Bu dünya Sultan Süleyman'a kalmayacaktı ama kitaplarını çocuklarıma bırakacaktım. Sır, kendini bilmek, ayna senin kitaplarından gelip can bulmuşlardı bende, yanı başımda. Bu çağda ayakta kalabilmek için korunak yapıyordum kendime. Kitaplar kurşun geçirmezdi.

Aynı şehirdeydik. Telefonun ucundan duyduğum tiz sesin çok eski zamanlarda kalmamıştı daha. Mektubuma yazdığın cevabı ilk okumamda ezberlemiştim. Anımsıyor musun? Kitap fuarında karşılaşmıştık da: "Zor olmuyor mu?" demiştim. Küçük kızın yanındaydı. "Hayır," demiş, kızının elini sıkıca kavramıştın.

Kitaplarda halletmiştin bir şeyleri. Onlarla aşmıştın aşılmaz sanılan dev surları, ama bir kale kuramamıştın.

Ailenle barışmışsın gördüğüm kadarıyla.

"Toplumla uzlaşmadığı da yalan," diyordu şair arkadaşın.

Yönetimle şu sıralar bir hesaplaşman var sanırım.

Gelenek yine malzeme oluyormuş yeni kitabına.

Varoşlarda aç çocukların söylediği türküyü duymadığına bahse girerim. Ya da bir üniversitelinin gecenin bir vakti Fatih Camii'nde dua ederken ağladığını, neden ağladığını düşünmek zorunda olmadığın fikrindesin sanırım. Yine de sana gücenmiyorum. Yayınevinden yayınevine transfer gidebilir, kitapların "bestseller" olabilir, emeğinin karşılığını da alabilirsin. Arkadaşını düşündün mü hiç, kitapları tezgaha düşmüş arkadaşını? Ülkende birçok "halkçı" dergi cinsiyet kontrolü yapıyorken edebiyatı düşünüyor musun? Bir kurguda bundan kurtulmak kolay mı sence?

Yazı yazmam isteniyordu. Sanırsın ordu-yu hümayun sefere çıkmış, edebiyatın bahçesi tarumar ediliyordu bozguncular tarafından. Senden ses seda yoktu. Şirazi ölmüş, Avni bir sefer sonrası kaybolmuş, Nedim darağacında sallandırılmıştı. Meydan dinozorların eline kalmıştı. Kitap alamayan, okumadan yaşayamayan insanların olduğu bu ülkede üstüne üstlük kitap koleksiyoncuları vardı; kitap cellatları. Ön söz, arka kapak okuyup da ahkam kesenlerden geçilmiyordu.

İskender de sinirlenmeye başlamıştı. Bu şehir batıyordu artık -bu şehir ve İskender; en yakın arkadaşlarım-. Bir şehri güzel gösteren o şehrin insanlarıydı. Ve biz şahsiyetli yapılara kaçıp sığınıyorduk...

O günlerden birinde İskender'le sahile inmiştik. Akşamdı. Son sigaralarımızı içip, sigara alabileceğimiz bir tanıdık var mı diye bakınırken yaralı bir martı gördük. Oturduğumuz banktan kalkıp onu elinde tutan sarhoşa doğru yürüdük. "Allah'ın garibi. Kayalığa çarpıp kanadını kırmış. Bıraksam kedi köpek yer. Şimdi bunu ne yapayım?" deyip bize vermek istedi.

Ne düşündük? Niçin karar veremedik? Evimiz yoktu. Martı kadar yaralıydık. Yazılarımdan medet ummuyordum artık. Arkadaşım heybesinde nesi var nesi yok sunmuştu da girememişti televizyon kanalına. Onun yerinde kitap okuyanlara "hıh" diye burun kıvıranlar vardı. Yaralı yaralı gezdiğimiz sokaklardan ferahlayalım diye denize varmıştık. Şimdi de yaralı bir martı vardı tam önümüzde...

Almamıştık martıyı.

Hiçbir şey diyemedik. Kahretmiştik bir şeylere, belliydi. Yolun yarısında durduk. Geri dönüp martıyı kurtaracaktık. Sarhoş, bize verdi martıyı. Sail'in evine götürecektik. Muhabbet kuşu, kedi derken martıyla evi şenlik yerine dönecekti.

İnsanlara şiirlerini sunmuştu. Ama selamlarını dahi alamamıştı Sait. Belki, martıyı "Denizler Korosu" şiiri iyileştirirdi.

Sarhoş, martıyı elimden çekip aldı. "Götürürsem karım keser," dediği evine götürüp bakacağını söyledi.

"Bu gece yürümemiz gerek dostum! Çetelerle kavga etmek, köpeklerle boğuşmak, polis tarafından kovalanmak, fahişelerin ayartmasıyla yüz göz olmak zorunda kalabiliriz. Yüreğini sıkı tut dostum, sakın dağılmasın!" dedim İskender'e. "Bu durumda yapacak başka bir şey yok," dedi İskender.

Yola düştük. Yollardaydık. Yollarda martı ölüleri, yollarda kitap cesetleri, yollarda müsveddeler. Yollara palaz olmuş bir ömür geçti kitaplarından. Belki inanmazsınız ama, o gece Orwel'in "Hayvan Çiftliği"ni bulduk fırtınayla boğuşurken. Sayfaları dağılmış bir "Hayvan Çiftliği" vardı önümüzde.

Gece fırtına, şehri bir ahtapot gibi sardı.

Sabah fırtınadan eser kalmamıştı.

Aslında fırtına alacağını almıştı, bende ise bir martı ölüsüne eş bir umut cesedi kalmıştı, kitaplardan sızmış duyarlıklar gibi katledilmiş,

Rüya gibi öldürülmüş,

Boşnak saçlı kızlar gibi kurşunlanmış.

ONUN ÖLÜMÜ I

Onu iyi bilirdik. Onu düşündükçe iyilikten başka bir şey gelmezdi aklımıza. Düşenin dostu, kalkanın yoldaşıydı. Derdini hiç söylemezdi. "Gelir geçer," dediğine çok şahit olmuştum. Tüm kitaplarıma elini sürmüştü. Onun kokusunu almadığım yer yok gibiydi. Sesini yine de çok az duymuştum. Uzak yerlere uzun yolculuklar yapardı. Tezkere türkülerine kulağımı dayardım. Yiğit delikanlılar vurulup düşerlerdi. Haber alamadığım günler kapının pervazına bir çentik atardım.

"Gideceğim," dedi. Yüzüne baktım. Uzun uzun yüzüne baktım.

Katliamların başlayacağını bilmiyordum. O da bilmiyordu. Hesap sorucuların çoğalacağını hesaba katmamıştık.

Siren sesleri şehrin dört bir yanını kuşattı önce. Sonra, "Ölülerinize sahip çıkın!" diye seslendiler.

"Duyarlı çocukları vurdular!" dedi biri.

"Hiç kan akmamış," dedi bir diğeri.

"Yuh olsun!" demekti onların görevi. Çekip gittiler. Biz ölülerimizle kaldık.

"İntihar etmeyeceğim," demişti. "Üzerime gelirler, adını söyletmek isterlerse, işte onun için bu bıçağı yanımdan ayırmayacağım," diyordu. Cenazesini kaldırırken sağ avucunu açamamışlar. Cenaze merasimleri o kadar çoktu ki morga bir türlü gidemiyordum. Annesi otopsi yapılması için ısrar etmiş. Babası, "Onu zaten defterden silmiştim," demiş!

"Kendini önemsemeyi öğrenmelisin," demişti babası onu evlatlıktan sildiği gün. Kendimi hiç önemsemiyordum. Uyarıcım ölmüştü.

Mezarını bilmediğim insanın ölümü üzerine, çok eskilerde kalan anıları talan etmekle meşgulüm! "Yeniçağ savaşçılarıyız. Koca bir mirası bile doğru dürüst paylaşamayan," derdi. Söğütlü Çeşme'deki mezarlığın yanından geçtiğimiz günlerde gözünü yere diker, başını kaldırmazdı. "Üzerime üzerime geliyorlar, şehrin göbeğinde sahipsiz kalışlarını yüzüme çarpar gibi duruyorlar." Kendini suçsuz hissettiğine pek şahit olamadım. Çocukları sevmesi evlenmek için geçer sebep olamamıştı. Evlenmedi. "İnsanların suçuna benim ortak olmam yeter, bir de onları bulaştırmayayım şu suçlu çağa."

İşlemediği suçlardan dolayı öldürüldü o. Suçluların ellerini kollarını sallaya sallaya gezdikleri, "Nasılsınız efendim? Ya çocuklar nasıllar?" diye selamlaşarak iyice yerlerini sağlama aldıkları şu dünyada, dünyanın masum çocukları öldürülüyordu.

Bugün onun ölüm yıldönümü. "Diyarbakır Yöresi Halk Türkülerinde Ölüm Teması" adlı doktora çalışmamı danışman doçente bugün vermem gerekiyordu. Vermedim. Ondan bir şey öğrenmiştim: "Sevdiklerimizi, meze niyetine yutan insanlardan korumalıyız." Tayinimi alıp onun geldiği topraklara gideceğim. Yanıma ise sadece yaktığım tezden geriye kalan "Maral Avı" adlı öykümü alacağım.

Ara Metin

Biliyorum, bu toprağın insanıydı, kendim ettim kendim buldum deme suçluluğunda yaşayan. Türkülerinin nakaratlarında ne çok "eyvah" vardı. Ne sevdikleri ne de "kahpe dünya" yüzlerine gülmüştü. "Yüzlerini güldürsem güldürsem bir ben güldürecektim. O kadar inanıyorlardı ki bu saf düşüncelerine." Hayır, sen güldüremezdin bu bozkır insanlarını. Politikacı olmayacaktın. Esnaf olamazdın. Öğretmen olsan ancak karnını doyurabilirdin. Meşhur olman da onların dillerinde bir laf olmaktan öteye gitmezdi. Doğru, "Onlar için konuşulacak bir şey olmam yeter," demiştin. Ama mutlaka binbir sebep arayacaklardı meşhur olmanda.

Gittin, gittin ama gönlün yine de o kurak topraklarda, birbirlerinin çukurunu kazan insanların yanında kaldı. Belki de onlara rezil olup yine de köyünde kalmak istiyordun. "Kök salmayı bilen ağaçlar gibi bu insanlar," diyordun. Sen ki kök salmaktan çok fırtınayla kavgalı bir deve dikeniydin. Rüzgâr seni savurdukça sen de önüne gelene yapışıyor, onları da sürüklüyordun fırtınanın gittiği tarafa doğru.

***

Bugün çok yorgunum. Uyumak, düşümde atlar görmek istiyorum. Seni düşündükçe artık daha fazla yoruluyorum. Annen de öyle dermiş. "Oğlan, oğlan! Sen aklıma geldikçe olduğum yere çöküp kalıyorum." Bir annene anlatabilirim yorgunluğumu, bir de o uçsuz bucaksız atlara. Hani seninle

Veliefendi Hipodromu'ndaki mezuniyet gününde gördüğümüz atlara değil, yaban atlarına söylemek istiyorum bu yorgunluğu.

Ama sen ötekiler gibi acımasız değildin. Onlar "Öldü," diyorlardı. Sen "Gitti," diyordun. Bir umut vardı senin sözünde. Sanki geri döneceklerdi. Tıpkı senin gibi gitmişlerdi. Fakat sen dönmeyecektin! Ya atlar da dönmezlerse? Yelelerinde muradımın asılı gittiği atlar şimdi nerdeler?

ONUN ÖLÜMÜ II

Bir fırtınanın daha sonu gelmişti. Nefes nefese kalmış, üstün başın toz toprak olmuştu. Yüzünde ter damlaları şıpır şıpır damlıyor, sen güçlükle nefes alabiliyordun. "Bu fırtına benden gayrısını sarsmaz," demekle haklıydın. Senin fırtınanın başkasının kapısını çalacağı yoktu. Bir tek fırtınan vefalı çıkmış, vaktinde bulmuştu seni.

Sürekli şükrediyordun.

Durmaksızın dudakların kıpır kıpır, bir şeyler söylemeye çalışıyordun. Arapça bir dua olduğunu bir hayli zaman geçtikten sonra anladım.

"Fırtına gelecek! Fırtına gelecek!"

Az çalmamıştın güvendiklerinin kapısını. Kara haber duymaktan bıkmış dostların kapılarını yüzüne kapatıyorlardı.

"Dost güzel bir haber verendir," diyerek, sana akıl vermekten de geri durmamışlardı. Seninse, acıyı unutturan güzelliğin lanetli olduğunu söylemekten dilinde tüy bitmişti.

"Fırtına geliyor! Fırtına geliyor!" dediğin günlerde aralarında anlaşmış gibi senden selamı kesmişlerdi. En son akıl veren ise en yakın gördüğün insandı. "Fırtına gelirse herkes nasibini alır," deyip çekip gitmişti. Gidiş o gidiş... Çekip çekip gidenlerin aslında bir firak fırtınasına doğru gittiklerini yalnız sen biliyordun.

Cinayet şebekeleri dağılır, püriten mezhebi mensupları tutuklanır, bir ulusun fedaileri karanlık işlerde unuturlardı yumuk yumuk elleri olan bebeleri ama sen fırtınaya mahmuzlanmıştın ilk şimşekler çarpmadan önce.

"Fırtına bir son olacak. Bu şimşekler fırtına habercileri!" dediğinde, sözünü kale almıyorlardı.

Çok uluslu şirketler zaten kaybedeceklerdi. Kartellerin ve bankaların yerle yeksan olacağını da biliyordun. Ama sımsıcak bir dostluk, hatta bin dostluk, ziyan olacaktı.

Sana Ermeni halk masalları okuyan arkadaşını hatırlayınca yüreğine bir sancı kilitlendi.

Fırtına başladığında neredeydin bilmiyorum. O gün kimse senin fırtına haberlerini hatırlamadı, Ziya hariç. Ziya ağlıyordu. Taş kalpli dediğimiz, duygusal olmadığı için aciz görüp horladığımız, yüreğinin sesini dinlemeyen Ziya ağlıyordu. "O söylemişti. Hepimize söylemişti!"

Fırtınadan sonraki sessizlikte sensizdik.

Genç yaşta ölmenin ne menem bir şey olduğunu söyleyenler var. Belki sen de biliyordun. Hınca hınç dolmuş bir yürekle sana Hasan Sabbah'ı, Nizam-ül Mülk'ü, İmam Gazali'yi ve Ömer Hayyam'ı anlatan arkadaşına uğruyorum. Çok sessiz. Dilsiz bir ulak gibi. Sürekli kapıya bakıyoruz...

Dışarıda ipil ipil bir yağmur yağıyor. Yağmurlu gecelerde gittiğimiz tren istasyonunda "Çıldırmak Varken"i okuyan sen yoksun.

***

İstediğin oldu. Dostlar hep bir aradayız. Ramazan geldi mi iftar davetleri veriyoruz. Sofraya fazla bir tabak koymayı da ihmal etmiyoruz. "Geyiklerin laneti tuttu herhalde! Artık bir geyik muhabbeti bile yapamıyoruz," dediğine pişman oldu Adem. Arkadaşlarla kurduğumuz kooperatife senin soyadını verdik. Rüzgârlı gecelerde kooperatif tabelası sallandığında çıkıp geliyorsun apansız...

"Kaybettik!" diyorsun.

Bir gerçeği anlatmak için ölmek gerektiğine inanmaya başladım.

Fırtına Habercileri diye bir de dergi çıkarıyoruz. Oysa her taraf süt liman, limanlarımızda batık gemiler, yüreğimizin kıyısına vurmuş ölü balıklar. Bir istavrit! Alıyorum, pullar dökülüyor yere, "Fırtına Bitti" yazısı kalıyor kumsalda.

Yıllar öncesinden, kaldığımız yerden başlama cüreti göstersek de, bir ölü taşıyoruz içimizde. Mezarına koyamadığımız bir ölü. Katilleri bizmişiz gibi suçlanarak bakıyoruz birbirimize. Akdeniz müziğiyle coşan arkadaşımızın eli paltosunda, ha gitti, ha gidecek.

"İstanbul'da yalnızca bir semt adıdır vefa," demek zorunda değildin! İki laf edip gidecektik işte. Sözlerin birer hançer olup yokluyor şimdi kalbimi. Dokunsalar ağlayacağım.

Oysa ne çok ölüm görmüştük. Ciğeri beş para etmezlerin namlusundan kan aktığına, yüreksizlerin fırtına koparmak için didindiklerine, dünyanın masum çocukları ölürken yüksek maaşlı devlet memurlarının gıkının bile çıkmadığına şahit oluyorduk. Genellikle böyle olmuyor muydu? Fırtına kopmuştu. Hayır, hayır! Bir kasırga vardı artık.

"Kalelere sığının," diyecek kimse kalmadı mı?

Belki de muhkem bir kale kuran hiç olmamıştı.

Ama -şimdilik- fırtına devam ediyor.

Sonra?

- Allah Kerim!

BÜLBÜLÜN AHI

Allah'a hediye edecek neyin kaldı?

Korkarım ki yazım da elimden kaçıyor. Haytaların en şanlısı sen kaldırım taşlarına varoluşu anlatan, dersten kaçmış feylesof. Ki günlerinde günlük kokusu kalmamış gibi. Hayatını vakfettin. Dertlerini figan eyledin, gayrı bahçen sen gibi bülbülü neylesin? Ateşe doğru kanat çırptığın şu demlerde bütün öksüzlerin gözyaşları yeryüzünü sele gark etmiyor. İbrahim'in de olmadığı ateşe doğru kanat çırpıyorsun. Bekleyenin yok. Ne de bir yolcu edenin var.

Rüzgâr kanatlı çağlar geçiyor başının üzerinden. Seni de fırtınalara boğmak için kulaç atıyor gibi. Hadi yüklen kanatlarına. Uç uçabildiğin kadar uzaklara. Ruhunu tutuşturan o amansız ateşin ısısını hissetmedikçe sakın konayım deme.

Muhteşem günlerin ne zaman olduğunu müneccimler de bilmiyor. Boş yere fal açtırma bahtına. Bahtına çıkan amansız dağ rüzgârı yavru kanatlım.

Komşu ağaçlara konduğun zamanları hatırlıyorum. Boş yuvaları bir bir yoklayıp arkadaşlarını oyuna davet için gittiğin o son gün... Ölümlerin bini bir para olmuştu talihine de, şıpır şıpır gözyaşı dökmüştün aciz bedenlim. İnsanlar evlerine koşturuyorlardı, koltuk altlarına sakladıkları sıcak ekmekleriyle. Yağmur da alabildiğine sinsiden gelmiş, yıldırımları terkisine almıştı. Komşunuz Çavuşkuşu'nun ağacına şimşek gibi düşen ışık demetiyle gözün parlamıştı. Heyhat! Çavuşkuşu'nun evi gözünün önünde yanıp kül olmuştu da söndürememişti birkaç damla gözyaşın... Sen ağlarken bülbülüm, ağacının altında bir çocuğu dövüyorlardı. Sonra hayretler içinde gördün çamura cansız düşen çocuğu. Ürktün önce, kuş yüreğine cesaret yükleyip birkaç tur attıktan sonra hareketsiz bedeninin üzerine kondum.

Ağzından ve burnundan akan kırmızı sıvıyı ilk kez görüyordun. Gözünden akanı ise çok iyi biliyordun. Ama senin kalbin gibi güm güm vurmuyordu bu bedenin göğsü.

Bir daha dönmemecesine uçuşa geçmiştin. O, gömülmek için bir hafta bekledi insanları. Bir dozerle gömdüklerini sen görmemiştin.

Ateş seni neden cezbetmişti? Bu soruyu hiç kendine sormuş muydun? Freud'a göre Çavuşkuşu'nun yanan evinden çıkan alevin rengiyle ölen çocuğun dudağından sızan sıvı aynı renkteydi ve sen onları çocukken görmüştün. Artık bunları unutman mümkün değildi. Yoksa mümkün müydü?

Atlas denizler aştın, zümrüt tepeler geçtin, karanlık ormanları tırmandın adeta. Ama durmadın. Sonunda ne var diye sormadan dünyanın altından girdin, üstünden çıktın. Ve döndün eski evine. Çavuşkuşu'nun evinin yerinde yeller esiyor, çocuğun yattığı yerden gökyüzüne bir gökdelen fışkırıyordu. İşin garibi, sen evine geldiğini bilmiyordun.

Artık, taptığın bir ilah yoktu.

Tanıdığın bir dostun yoktu.

Sevebileceğin bir akrobasi yoktu.

Kuşlar yoktu bülbülüm...

Güller de kuşlar da yoktu.

"Ama neden ateş de yok?" diyemeden yorgun kanatlarınla yine koyuldun yola.

IV. BÖLÜM

KAHIR DAMININ BACASI YOKTUR

Kuşandım suçlarımı ve bekledim gecenin yamacında. Karanlık gelirken üstüme üstüme, Anam Kadın'dan başkasına seslenmedi hançerem.

Tavuk uykusunda bir zaman yattım orada. Kimler geldi yanıma? Görmedim. Sözlerden ve gölgelerden bana kalan kahırdı.

Anam Kadın yorgun elleriyle, dertli gözleriyle taradı saçımı. "Bitmez bu kurbanın acısı, bitmeyecek bu oğlanın bendeki sancısı," dedi oturmuş sesiyle.

Oğlunun yüreği dokuz yüzlü yıllarda Bağdat'ta dolaşan bir ölümlü, savaşlar asrında âşık bir devrimciyken ne kadar tutabilirdi ki o güzelim bozkır köyünde. Oğul kalır mıydı hiç? Kız evlat değildi ki bu!

Kızı "sahibine" verdikten sonra ne olursa olsundu… Oğlan, ölene kadar dertti. Ölene kadar bebek. Analarsa öldükleri güne kadar kahır damının ocağını yakarlardı yüreklerinde. Dumanını bile gizlerlerdi oğulları ve kızları rahatsız olmasın diye.

BİR DARBENİN İZİNİ SÜRERKEN

Seni ağlatmamaya yemin etmiştim. Kurda kuşa karşı uyanık olmaya da söz vermiştim. Gözü oyulmuş akrabalarımın, canı alınmış dostlarımın bağırmaları göğsümü parça parça ederken bir daha afyon mu? "Tövbe!" diyeli yıllar oldu. Duvarlarda kan lekeleri, yerde dev bir sürüngenin bıraktığı çukurumsu iz. Dinozorlar dönmeye niyet etmişken Exupery'i anlatmanın nasıl bir sorumluluk olduğunu anlatmayacağım. Çekip gitmenin en onurlusunu bir Fransız pilotu öğretti dünyaya.

Dev sürüngenin rüyalarına girdiğini söylüyorsun. Silahsızlığın en zalim zamanında bana dert yanıyorsun. Ağlıyorsun. Yeminlerin bini bir para bile etmiyor. Sokağa çıkanların geri dönüp dönmeyeceğini bilmiyoruz. Puslu puslu. Sürüngenin gözleri yerleşmiş odalarımıza. Odalardan başka korunak da yok.

Şiirin damarları kesik dediğinde kanım dondu. Kuşatılmış bir militan kadar çaresizim şimdi. Sürüngenine tapan ilkel bir kabilenin sözleri tekrar ediliyormuş meclislerde. Meclislere Kızılderilileri, Şamanları, Kürtleri ve çölün efendilerini almıyorlarmış. Trakyalılar bir taraftan, Arnavutlar bir taraftan zorluyorlarmış İthaka'nın kapılarını... Dev sürüngen izin verdiğinde sana kuşlar getirecekmiş ablan. Kanadını kandan kurtardıysa kuşlar, kanadını kandan kurtardıysa kuşlar, ben de Kozanoğlu* olmazsam namerdim!

* 19. yüzyılda Kozan'da yaşamış Avşar beylerinden. Osmanlı'nın iskân politikasına karşı gelmiş, konargöçerliğin hakları olduğunu beyan edip isyan etmiştir.

KALANLARDAN

Kervankıran ya da Berfin... Bir kaçakçı yüreğini ancak bunlar ıslah edebilirlerdi. Başka bir isme de göçebilirdim aslında. Her ne kadar göçmensem de göçemedim. Ya Kervankıran parçaladı bağrımı ya da Berfin olup çöl güneşinde eridim. Göçüp giden bendim, yıkıp geçense onlardı. Duydum çölün efendileri Harbat'tan derlermiş Kervankıran'a. Hani o dev devedikenleri, yakaladıkları canlılarda kendilerinden mutlaka bir iz bırakan saldırganlar.

Hepimizde olmasa da birçoğumuzda vardır gidenlerin izi. Ve gelenler hiçbir zaman gidenler kadar hazin olamazlar. Ben yaşarken olup biten bittiğine göre, önemli değildi gidenlerden artakalanlar.

Kervankıran olup dağıtamadığım suçlarım var. Berfin olup da yağamadığım mahmur yüzler var. Ardına bakmadan giden vefasızlarım var. Bildiğimse; inşirahı yaşamak, gidenlerden artakalanlarla olmayacak.

Ki inşirah türkülerin bağrında bir bebeğin yumuk elleri gibi duran umuttan gelecek. O gün Kervankıran mavzerini bırakacak. Berfin'in gülüşünü tüm aşiretler duyacak. O gün ferahlama günüdür.

Şimdilik sıkılabiliriz.

BİR BEKLEYİŞ ÖYKÜSÜ

Eril

Bu gece de ipil ipil mum yanıyor.

Sigarasız sabah olamayacağını sadece şarkıcılar bilmiyor.

Eski şarkılara kulağımızı dayadığımızda gözlerimiz ıslanıyor.

Kaybetmenin en kekre zamanlarındaydık.

Genç Werther Mevlana'yı bulsaydı sanırım benden daha sağduyulu davranıp derviş hırkasını geçirirdi sırtına da Lotte'yi bir başka zamane delikanlısına bırakırdı.

Her gece olduğu gibi ipil ipil yanıyordu mum. Kasetçalar vardı, seferberlik marşlarını istediğim zaman dinleyebiliyordum.

Gidilecek sefer yoktu. Televizyon vardı. Zehri köpek öldürecek kadar çay vardı. Çayda çıra oynayacak kadar mecalim yoktu. Dışarıda yağmur, şamdanda şem vardı.

Yüzümde onların darp izleri Yusuf olurken, kızılca kıyamet vardı meydanlarda. İnadına yanıyordu mum, ipil ipil.

Lakin pervane yoktu.

Dişil

Heder olmuş bir ömrün olmayacak kızım! Kaç kere söyledim bu sözü kendime? Neden heder olsun ki ömrüm? Tuttum, savaşır gibi, dövüşür gibi baktım aynadaki görüntüme. Hayatımın camlarını kırmamak içindi belki de, dışarıdan bir nazar bakmasın diye suretime, ev içime; camları değil, aynaları kırdım.

Olur olmaz yere konuşmayayım diye onca zaman tek kelime etmedim tanışlarıma. Birlikte diyebileceğim oyun arkadaşlarım olmadı. Kapıları kilitli, pencereleri perdesine kadar sımsıkıya örtülüydü bu evin. Kapıyı açıp da sokağa indiğimde biliyordum yenilgiyi yaşayacağımı. Yenilgi, bir zafer diye öğretilmişti. Bu ev ki yenilgiden gayrısını görmek harammış gibi, yenilgi zamanlarının misafirlerini ağırlar bildim bileli...

Ya Zehra ya da Wirgina Wolf, Leyla olmak düşmezdi bana. Nedense hiçbirinden yana değilim artık. Yalnızca bez bebeklerimi istiyorum!

HİLELİ KAĞAN

Aslında anlatılacak bir tarafı yok bu hikâyenin. Neresinden tutarsanız elinizde kalacak yamalı, çürümüş, çoktan çöpe atılması gereken bir bohçadır bu. Lakin insanoğlunun haberi bile olmadan içindeki dehlizlerde saklanan bu unutulmaya yüz tutmuş bohça, zaman gelir kendini ele verir. İnsanın içi kabarır, yüreği daralır, ne yapacağını, nasıl edip de içindekinden kurtulacağını düşünürken yazının cinleri yardımına koşar, bir yazı hapsi için eyleme geçerler. Bu temizlik operasyonunda nice dost katilleri, umut hırsızları, zaman telefçileri ve arsızlığın tef çalanları ortaya çıkarılır.

Burkulmuş bir insanı burulmuş bir koçtan ayıran tek özelliği, iktidarlarını kaybetmiş olan bu iki cinsin sınıfları, yani sıfatlarından başka bir şey değildir. Ama bu durumda boynunu ya da kuyruğunu kurt ısırdığı için kanları yere saçılan masum koyun taifesinden farkı yoktur burkulmuş insanoğlunun. Kilit taşıyan aşçı kadınların sadece kendi yüreklerinin anahtarı başkalarının elindedir, ama burukluğu daim meslek edinenler ise tüm anahtarlarını atmışlar, yüreklerine kilit üzerine kilit vurmuşlardır. Açabilene aşk olsun!

Sana söylemiştim. Karar vermeyeceksin! İstemeyeceksin! Beklemeyi ve görmeyi öğreneceksin! Bu, tıpkı bir dinibütün Hristiyan'ın, "Öldürmeyeceksin, çalmayacaksın, zina yapmayacaksın..." emirlerine denk bir uyarıyı barındırıyordu içinde. Ama sen, sonsuzluğa pupa yelken açarken benim sesimden çok, "iyi niyet ve samimiyet maskesiyle saldıranların" sesine kulak veriyordun. Her şeye, herkese ve her çağrıya evet demeyi biliyordun. Hayır sözcüğün, sadece benim içindi. Reddetmeyi bilmediğin halde, "Reddetmeyi beceremeyen asla inanamaz," diyordun. Benden başka neyi ya da kimi reddettin Allah aşkına?!

O organizatörün peşinde koştuğun günleri hatırlıyorum. "Her şey daha iyi olacak," sözü geviş getiren koyun sürülerini çağrıştırırcasına herkesin ağzındaydı. Sen de o zat-ı muhteremin peşindeyken bir iyiliktir tutturmuş gidiyordun. Karın tokluğuna bir rezillikte yaklaşık bir yıl koşturdun peşinde. Ben senin ağlama duvarındım ve geldin beni ıslattın gözyaşlarınla. Onlar zaman katili, iyi niyet katili ve duygu hadımlarıydılar artık. Bu kanaatin uzun sürmedi, yerini bir milletvekiline kaptırdı.

"Dayanılmaz bir yüzsüzlüğü vardır milletvekilliğinin. Hem de dokunulmazlık perdesi altında küçük Tanrılar tiradını oynarlar zat-ı şahaneler," dedimse de sen inanmadın bana. Meclis-i Mebusan'da üç beş adam vardı ve senin peşinden gittiğin eşhas da onlardan biriydi. Tuttun arşivini, şimdiye kadar yazdıklarını, yazacaklarını, yazamayacaklarını, vereceklerini, veremeyeceklerini, tek ütülü pantolonun, ceketin, kravatın, beyaz gömleğin, sıkıntılı ellerin, terleyen yüzün ve büzülmüş ayaklarınla sundun vekil amcaya. Aldı, kabul etti. Sevdi seni. Anadolu'nun bakir toprağından senin gibi delikanlılar çıkardı işte. Ülkenin önünü senin gibi gençler açabilirdi. Ancak, bir sorun vardı. Sana iş veremez ya da bulamaz, çalıştıramaz, yazmana ya da okumana yardımcı olamaz, -beleşten danışmanlık yapmana bir şey demezdi- değerli çalışmalarını iştahla karşılayacağından şüphen olmasındı. Hem şu sıralar partisinin rejimle başı dertteydi. Fazla kilo almış, diyet yapmak ve hafif yoğurtlar yemek durumunda kalan bir partideydi. Anlayışla karşılamalıydın vekil efendiyi. Hem öyle sivri konularda araştırma yapıp da ülkeyi mi kurtaracaktın? Otur oturduğun yerde! Amcamız senin dostluk ve yakınlığından memnun olacağını söylediğinde "Pazardan üç kilo getireyim," demekten kendimi alamamıştım. İyi ki demişim. Elinde başkaca sunacağın bir şey olmadığını görünce telefonlara çıkmaz, adını duymaz olmuştu.

Altı ay ulan! Dile kolay... Köpek gibi koştun sayın vekilin peşinde. Eh, tanışsınız ya bir kere borç istedin. Nasıl olsa -yeni girdiğin şirketin kültür danışmanı olmuştun sanırım- maaşını aldığında ödeyecektin. Bu sefer vekilimiz ağlamaya başlamıştı. Tüm telefonlarda tuzlu, yapış yapış bir sıvı vardı. O gün tüm telefonlar işlevlerini yerine getirmedikleri için emekliye ayrıldılar. Bazı firmalar bunu fırsat bilip birçok kişinin eline elma şekeri tutuşturur gibi cep telefonlarını tutuşturdular.

"Bana gelme! Sakın bir daha yenildiğinde ağlama duvarı bellediğin bana gelme!" dedimse de kâr etmedi. Ben sana, "Odanı terk etme!" demiştim. Tuttun sen tüm odaların dışına, yol kesenlerin yoluna gittin.

Hatırlıyor musun, masalların ve kokusunu alabildiğin bir baharın vardı senin? Sanırım hatırlamıyorsun.

Seni hayata bağlayan deli bir öfkeydi artık. Daha fazla ileri gitmemen gerektiğini biliyordun. Eğer bir adım daha atarsan, eğer samimiyetle saldıranlara dürüst davranırsan Tanrı'nı kaybedeceğini, onlardan biri olacağını biliyordun. Ama yol üzerinde durmak yerine bir karar vermen gerekiyordu. Yoksa yolda telef olup gidenlerden olacaktın. Vardın belayı seçtin.

Bir burgacın kemiklerimizi öğüttüğü yerdeydik. Acımız dost kılmıştı bizi. Zamana saygısı olmayan burgaçtan geriye selamlar, arkadan konuşmalar, unutmalar, eski fotoğraflar, hayıflanmalar ve küfürler kaldı. Her ecnebi sevdaya tutulanın yakalandığı körlüğe düçar olalı beri pek de burgaçtan bahsetmiyoruz. Aslında biliyordun öğütenlerle aynı dinden olmadığını.

"Herkes Kazancakis okumak zorunda değil! Herkes Hamza'yı sevmek zorunda değil! Herkes Kur'an'ı okumak zorunda değil! Durduk yere yağmura tutulmak zorunda da değiller, parayı tanıdıkları şirketlerde başını açan üniversiteli kızlara yakınlık duymak zorunda değil, türbanlı işçi kızlar! Travestileri dövmekten zevk alan hanzolara kızmak zorunda da değiller. Küreselleşme karşıtı olmak zorunda da değiller. Hatta Allah'ı rahatsız etmekten vazgeçmeliyiz! Fakat bu kenti yerle bir edecek olan varsa eğer o da sokaklarını sevgilisinin mahrem yerleri gibi bilenler olacaktır. Kusura bakmasın ötekiler!

Lambarakis, Che ve Humeyni size bir konseye üye olmanızı öğütlemedi. Ağzınızı tutmayı, özgünlüğünü sahiplenmeyi, aşkı büyütmeyi bilmeyenlerin, öğütlerini tutamayacaklarını analarından doğdukları günden beri biliyorlardı. Bunu Allah da kullar da biliyordu işte!

Haso'yu, Reşo'yu, Çöllo'yu kıstırıp vurduranlar da sizsiniz, çocuklarınızı ölüme gönderirken ağlama yüzsüzlüğünde olan da sizsiniz, evet sayın bayım/bayan/cinsiyetsiz/cibilliyetsiz, siz! Ayağa kalkmadan önce ateşe, suya, toprağa, havaya ve çocuklara nefesini verenler...

Tanrı'nın gazabını beklemeyin. Çünkü kıyamet çoktan koptu!"

KAYIP SULTAN

Ne zaman başladığını hatırlamıyorum. Sıkça görüştüğümüz 96 senesinde mi? Hayır! O seneye dair hiçbir anısında saldırganlığına rastlamadım. Belki de bastırılmış bir kimlik taşıyordu da haberim yoktu. Elimdeki fotoğraflar daha önceki yıllara ait. Bu fotoğraflarda daha belirgin bir yüz, daha saldırgan bir duruş var hayat karşısında. Yalnız, inşaatta çektirdiği fotoğraflarda daha doğal, daha dingin, daha mutmain bir çehresi var.

Huzursuz bir günde akla gelmeyecek ne kadar çok şey olduğunu gün sonunda hatırlıyorum. Kayıplardan başka notu olmayan bir yolcu, her dinlenme yerinde kayıplarını çoğaltan bir gafildi sanki.

Hiçbir şey yapmak istemiyorum. Hiçbir şey yapmak istememenin ne menem bir zorluk olduğunu bile bile. Düşünmek bile zulümdür, canın bir şey istemiyorsa. Bir kaybın bıraktığı izlerle nereye kadar varabilirim ki? İntiharın cazibesini yitirdiği, o talan sonrasını görmezlikten gelme halindeki durumda da değilim.

Yarın yine imtihan var. Dil sınavı. Eğer bunu da geçersem onun bana dair kurduğu düşe adım atmış olacağım. Ama onsuz bir düşte yol almanın yavanlığı saracak bedenimi.

Ödevlerimi yapmaktan vazgeçmiş, hatta yapmak fiiliyle alıp vereceği kalmamış bir haldeyim. Bir asalağım belki de toprağın üzerinde. Yaşamama yardım edecek kelimeler arıyorum her açtığım kapıda, kitapta, pencerede, yüzlerde.

Ya da yüzleri birbirinin kopyası olan yüzsüzlerde. Çok eskilerde kalmış bir yüz arıyorum belki de her baktığım surette.

Hiçbir ipucuna sahip olmadığım bir düş ülkesine doğru yol alırken, koyu bir yalnızlık olacak yanı başımda. Bilinmeze -belki de onun çok iyi bildiğine- ağır aksak ve sarsak adımlarla ilerleyeceğim. Eteğimi neden ütülediğimi bilmeden alacağım ütüyü elime. Sardunyalara belki de fazla su verip boğacağım onları. Oturup günlerce ağlayacağım, cereyanda bırakıp da ölmesine sebep olduğum kanaryam için. Ondan bana kalan son canlı hatıra geceler boyu kâbusum olacak.

Bu kadar olmaz ki! Olurmuş. Oldu da. Her yalanı yok etme gücü yok bende. Tokadını kullanamayan bir insanım. Üzerime her gelen yalana elimi kolumu bağlamak marifet oldu sanki. O'nun gitmediği, ölmediği ya da kaybolmadığı yalanını söyleyen yanıma ve avutucularıma inanıyorum.

Doğruyu kabul ettiğimde, gerçeğe yaklaştıkça birer birer yok edebilirim yalanları. Ama nafile! Doğru olansa onun akıbetine dair bir şey bilmediğim. Yaşadığından bile emin değilim. Bu düşünce bile elimi ayağımı buz gibi kesmeye yetiyor. Şu son günlerde birden bire yoruluyor, bitkin düşüyorum. Sanki birilerinin nazarına gelmiş gibiyim. Oysa bu annemin düşüncesi. Yıldım biraz da. Okuldu, mahkemeydi, tez çalışmasıydı, üstüne bir de onun kayboluşu, yıldırdı beni. Yorgunluk, bitkinlik, bu kadar kalleş olmasaydı yapacağımı bilirdim ben. Gün ortasında uyuma isteğiyle uyuşan bedenimi ben de yollara vurmayı, aşındırılacak kapıları zorlamayı bilirdim. Bir açmaza doğru giderken arkama bakıyorum da, bu açmaza ben mi geldim, yoksa o mu böyle olmasını istedi? Her ikisi de doğru. Ben istedim, o da beni bu bilinmezin, kararsızlığın ve bitkinliğin kapısına getirdi.

O çok iyi biliyordu istediği kadının da kendi gibi devam edeceğini. Ona tabi olduktan sonra, yanında olmasa bile sınıf atlamayacak, mutlu olmayacak, özgür davranmayacak, savaşmayacak ve başkasını sevmeyecekti. Aynı durumda olmaları kaygılanmaması için yeterliydi. O değişmemişti. Zira değişim olsaydı istediği kimse gibi olmak ya da birilerini öldürmek için elinden geleni yapacaktı.

Hatırlıyorum, orada bir yerlerde duruyor sesi. Hâlâ kulaklarımda çınlayan sesiyle aşkı tarif ediyor, Yunan devrimciden de destek alarak:

"Aşk nedir?

Aşk, sırt çantanda iki parça TNT taşımaktır. Onları sana, aşkın dostluk ve suç ortaklığı olduğunu göstermek için verdim."

Aşk, bilmeden yaptığın bir yardımdır. Aşk, anlayamadığın bir devrime iştirak etmektir.

Gecenin bir yarısı sigaranı çersle rulo yapıp ciğerlerine kadar çekerken Leylim Ley'i söylemektir.

My Lady'i arka arkaya, bıkmadan yirmi kere dinlemektir. Gecenin bir başka yarısı yataktan fırlayıp, "Canına yandığım," deyip en zalim ödevlerle karşı karşıya gelmektir: Şeytanla kumar, polisle pazarlık belki de meleklerle arkadaşlık filan...

Hüznün ve zulmün en dorukta olduğu bir anda Gülen Hırsız olabilmektir. Tanırsın onları. Genellikle boş evlere girer ve sabaha kadar saklambaç oynarlar.

Bir komitanın ne kadar can alıcı kurulabileceğini ve aşkın ne kadar da küçük adımlarla gelse de yürek söken bir intiba bırakmasını aynı anda görmektir aşk.

Zalime gülümsemeyi hatırlatmaktır. Kurtarılmış kitaplardan altı çizili cümleleri en nefret ettiğine bile bağıra bağıra okumaktır.

Lanet olası bir ülkede en güzel düşlerinin sömürülemeyeceğini ispatlamaktır.

İnciyi arayan insanın bir anda mercanı görmesiyle suları çılgınca yırtmasıdır.

-Ya içinde inci yoksa?

-Varsın olmasın! Mercan orada ya; beklersen yağmur da gelecektir.

Aşkı biliyorsanız dağılabilirsiniz arkadaşlar!

Son sözün üzerine neredeyse çıkıp gidecektim, örgüt evinden dağılan militanlar gibi. Aşk sende militan bir parka giyerdi.

Doğru, sen değişmemiştin. Ama ben anlayamadığım bir değişim denizinde boğulmak üzereydim. Hayretle geçmeyen günüm, şaşırmadığım bir anım bile yoktu o günlerde. Yüzünde korkuyla karışık sevgi ışıldardı ben seninle olduğum zamanlarda. Silahının emniyeti açık bir gözcü gibi etrafı kollardın. "Kılıcın önü de ardı da keskindir," derdin. Kılıç üstünde bir aşktı seninki. Kayıp düşeceğin anı kollarken bir taraftan da beni mi gözlüyordun? Belki de ben büyütüyorum gözümde.

Sana vardığımda saatlerce susmak; anlattığın masal ülkelerinden, dostlarından, okuduklarından ve yazdıklarından daha gönül okşayıcıydı. Zamanla sen de bu durumun farkına varmıştın; saatlerce susar, gözlerimizin içine bakar olmuştuk. Çayı çabukça demler, bir an önce yer minderine oturup senin karşına geçmek için can atardım. Durduk yere ağlar, birden zemberekten boşanırcasına güler, gülerdik. Hiç sıkılmadan bu oyunu aylarca oynadık durduk, o evde. Zaman durur, düşünce durur, hareket yok olurdu. Ben sen, sen de ben olurdun.

Kaldığın ev Çamlıca'nın belki de en yüksek apartmanının terasıydı. Biraz da bu yüzden kapıdan her girişimde, "Alamut Kalesi'ne hoş geldiniz Leyla Hanım! Siz biraz bekleyin, ben Efendi Hasan'a haber vereyim," derdin. Ben odana geçer, sen de üzerini değiştirip güya Hasan Sabah rolünde odaya dalardın. Usanmadığımız oyunun giriş perdesinde hep aynı sözler vardı. "Çok beklettiler mi?" "Yollar nasıldı? Diyorlar ki yeni eşkıyalar türemiş? Yolunuzu kesmediler ya?" "Bir daha gelirken cepten arayın da size refakat için fedailerimden göndereyim." Fedailer dediğin çocuklar ne kadar da halim selimlerdi. Utangaç bir merhabadan sonra imi timi belli olmayan ev arkadaşların... Acaba sana, "Ne zaman evleneceksiniz?' diye hiç sormadı mı o çocuklar? Mutlaka sormuşlardır. Kim bilir ne cevap verdin onlara? Bana anlattığın masallardan onlar da nasiplerini almışlarsa, sana soru sormaktan çabuk vazgeçmişlerdir.

Ben de sormaktan vazgeçmiştim. İkimizin de okulu bitmiş, sen serbest çalışıyordun, ben de tez çalışmasıyla uğraşan bir yüksek lisans talebesi olmuştum. Eskisi kadar sık olmasa da Alamut'ta buluşuyor, oyunumuza devam ediyorduk. Terasa çıktığımızda bir tarafta Çamlıca tepesi, diğer tarafta mavi bir gerdanlık gibi Boğaz oluyordu. Üsküdar ayaklarımızın altındaydı. Ellerinle değil dilinle dokunurdun. Biliyorum, sen de utanıyordun, bana "Alamut'un hurisisin sen" dediğin zamanlarda. Bir de bana gönderdiğin pusulaların altına imza niyetine yazdığın cümle yüreğimi yerinden sökerdi. Zaten o pusulalarda genellikle ne zaman eve varacağın, ne kadar evde kalacağın yazılı olurdu. Hiçbir şey yazmasan da yine, "Cezayir gözlerinden öperim," diye imza atsaydın o pusulalara, ben yine de anlardım özlemin yüreğini ne kadar acıttığını. Kelimelerindi beni sana bağlayan. Ama gözlerin olmasaydı o bağın hiçbir anlamı olmazdı. Saatlerce göz göze konuşmuştuk aslında. Huzursuzluğunu, mutsuzluğunu, öfkeni, sevincini, şaşkınlığını ve bildiklerini saklamayan bir çift siyah gözün bana söyleyeceği bir yalan yoktu. Ama geriye dönüp baktığımda, "Acaba o gözler bir şeyleri sakladılar da, ben mi fark edemedim?" diye sormaktan kendimi alamıyorum.

Seni tanıdığım güne lanet okumak istiyorum. Birden üstüm başım ıslanıyor, gözyaşımda bir yitik zamana kayıp gidiyorum. Evrende senin var olduğundan haberdar değildim daha. Şehri kuşatan bir yağmurla gelmiştin. O yağmur saldırısının başladığı andan sonrası ne kadar da çabuk geçti. İstanbul'u sel götürüyordu. Yerel seçimlerin arefesindeydik. Belediye otobüslerinden köşe bucak kaçardım. O gün, yağmurda, şehrin karanlığında bir kayıp kız olmamak için nereye gittiğini bilmediğim bir otobüse atmıştım kendimi. Trafik alt üst olmuş, otobüsler saatte bir durak zor ilerliyorlardı. Yine de bindim otobüse. Her şey güvenlik içinde. Güvende olmaksa insanların, daha çok insanın arasına karışmakla sağlanıyordu. Benim gibi ıslanmış yirmiden fazla yolcu vardı otobüste. Nedense orta kapının yanındaki demir tutamaklara yaslanmış dururken, otobüsün arkasına doğru çekildiğimi hissettim. Üzerinde siyah kot pantolon, siyah deri mont vardı. Sanırım siyah bir de atkı vardı boynunda. Yüzüne bakmayı engelleyemeden baktığımda, gözlerin de ıslak saçın da elbisenin rengindeydi. Ağır ağır ilerleyen otobüsün içindeki yolcular uzun bir yolculuğa çıktığımızı anlamış olacaklar ki havadan sudan sohbete başlamışlardı.

"Yağmur da ne amansız geldi ama. Yolların tıkanacağı kimin aklına gelirdi ki? Belediyenin de suçu var canım. Önceden tedbir almak lazım. Bizde altyapı yok kardeşim. Üsttekiler sağlam değil ki altyapı sağlam olsun. Yeni belediye reisi de öncekiler gibi olursa hapı yuttuk. Belediye reisi hangi partiden olur sizce? Yarın da yağacak mı mübarek? Ya, öyle mi? Desenize iflas eden iflas edene olacak. Bir ay içinde ekonomik paket diye millete dayayacakları hükümet kararlarından sonra görün siz iflas neymiş. Ne o, yoksa kelle vergisi mi gelecek bunca zaman sonra? Yok yok, son kemer deliğini arıyorlarmış..."

Yağmurdan zor kurtardığım kitabı okumaktan başka çıkar yolum yoktu. Islak ıslak meşin koltuğa nasıl da oturabiliyorlardı? Otobüsün içerisi sonradan binenlerle kalabalıklaşmıştı. Ama yine de bizim durduğumuz tarafta pek ses seda olmadığından olsa gerek, çok az kimse vardı arka tarafta. Bana mı yaklaşmıştın? Daha sonra o gün bana doğru gelip gelmediğini her soruşumda yerinden kıpırdamadığını söylemiştin. İnanırım. O akşam ben öyle sanmışım. Ama ilk el atan, konuşmayı başlatan sen olmuştun.

"Pes doğrusu!"

"Bana mı dediniz!"

"Bu gürültünün, bu keşmekeşin ve sular altında kalmış bir şehrin içinde Tanrı'yı arayan kim ise, ona dedim."

"Anlayamadım."

"Vallahi o kitabı ben de pek anlayamadım. Kusura bakmayın, elinizdeki kitap dikkatimi çekti de..."

"El Greco'ya Mektuplar. Anlaşılan daha önce okudunuz?"

Aslında konuşmak istemiyordum. Otobüsün içerisinde zaten kapana kısılmış gibiydim. Senin konuşma isteğin daha büyük bir açmaz olmuştu içimde. Yine de, "Susar mısın?" ya da "Çek git başımdan," diyemiyordum. Biraz da, "Şu şehirde kaç kişi bu kitabı okur?" sorusunu kafama sokmuş olmamdı seninle konuşmama sebep.

"Evet okudum. Hatta döner okurum. Bence bu havada okunacak kitap, o yazarın "Zorba"sından başkası olamaz."

Oh! Maşallah, amma bilgiç çıktı şu oğlan. Bari bir de ders verseydi akşam akşam. Benim derdim bir an önce bu kitabı bitirip Kazancakis ismini hafızamdan silmekti. Ama sen tutup

Zorba'nın hoyratlığından, yaşam seviciliğinden, adam öldürüşlerinden, sirtakisinden, durmak bilmeyen coşkusundan ve doğaçlama dualarından bahsetmeye başlayınca ister istemez kitabı kapatmıştım.

"Ne o, Tanrı'yı aramaktan caydın mı? Zaten bu şehirde insan Tanrı'yla şeytanın sesini birbirine karıştırmaktan kendini alıkoyamaz."

"Dur bir dakika! Daha kim olduğunu bile bilmiyorum. Ama tutmuş bana ahkâm kesiyorsun!"

"Adım Mansur," demiştin suçlu bir çocuğun annesine, kırdığı vazoyu itiraf eden mahcup haliyle.

"Afedersin! El Greco'yu benden ve tanıdığım bir iki arkadaşımdan başka okuyana rastlamamıştım. Birden kitaptaki bir münzevinin: 'Tanrı uçurumdur. At kendini uçuruma!' diyen sesine uyup bu uygunsuz duruma atladım."

Herkesin sıkıntıdan patladığı bir anda, bana nereye gittiğimi, hava durumunu nasıl karşıladığımı, ne iş yaptığımı, erkek arkadaşımın olup olmadığını soracak birilerinin karşıma çıkmasından korkarken, sen çıkmıştın karşıma.

Gecenin kıyısındaydık. Yollarda korna sesleri insan seslerine karışıyor, yağmurun sesi dinmeyen bir fon olup İstanbul'un tüm caddelerinde yankılanıyordu. Selektör yapan araçlar, bir kısa bir uzun farı yakan şoförler, sigara içmenin o gecelik serbest olduğu otobüsler, kimi kaygılı kimi boşvermiş yolcular...

Şimdi düşünüyorum da o gece yağmur dışarıdan sen içeriden beni kışkırtmak için saldırıyordunuz sanki. Bir arınma ancak bu kadar ayartıcı olabilirdi. O geceki yolculuğumuz milat oldu. Yaklaşık üç saat boyunca Kazancakis ve Zen ustalarından konuşmuştun. Her göz göze gelişimizde biraz susuyor, sonra kaldığın yerden anlatmaya devam ediyordun.

O gece babamdan başka, hem de tanımadığım bir erkeğin gözlerinin içine korkmadan bakmıştım. Benim sakınımsızlığım seni cesaretlendirmiş, sahipsiz bir adaya demir atan gemi gibi savunmasız geliyordun üzerime. Sen dinleyicini, ben de anlatıcımı bulmuştum.

"Benim yüreğimde yeterince yara var," diyordum kara gözlerine bakarken. Sen, "Benim yüreğimde yeterince ölü var," diyormuşsun bana bakarken. Bir gün bunları birbirimize itiraf ettiğimizde bir şey kaybetmemiş, aksine gözümüzün lisanına güvenebileceğimizi anlamıştık.

O gece anlatmıştın Kayıp Sultan'ı. "Yolculukta insanlar birbirlerine hikâyeler anlatırlarmış. İster misin bir hikâye anlatayım?" Afacan çocuklar gibiydin. Ben senin oyununa katılmıştım. Yeni öğrendiğin bir oyunu arkadaşına öğreten bir çocuk havasındaydın.

***

"Nişapur'a ne zaman yağmur yağsa, Belh hükümdarı Muleyka'nın gözleri ıslanırmış. Muleyka ki hareminden dünyaya bir erkek evlat salamamakla gamlı, doğunun namlı hükümdarlarındanmış. Hareminde bir Arap, bir Türkmen, bir Çerkez hanımı olduğu halde evlattan yana hiç yüzü gülmezmiş. Hanımları ki her biri bir ay parçası, dilleri şeker, huyları yaban atlarını yola getirecek kadar terbiyeliymiş. Ama Muleyka'nın gönlüne Mir Rıza'nın kızı Berfin düşeli tüm mevsimlere kış demiş.

Mir Rıza ki Merv şehrinin ileri gelenlerinden bir Kürt beyiymiş. Zamanla o şehirde çıkan isyanlarda parmağı olduğu şüphesiyle aşiretiyle beraber İsfahan taraflarına sürülmüş. Farisilerle uyuşamayan aşirete Nişapur topraklarındaki Göç Dağları'nı yurt tutmaları söylenmiş. Mir Rıza'nın başından poşusuyla belası, ağzından küfrüyle tütünü eksik olmazmış.

Aşiret Göç Dağları'nı yurt tutunca eski zanaatları olan demirciliği bırakıp hayvan yetiştirmeye başlamışlar. O yörenin en semiz koyun ve sığır sürüleri Mir Rıza'nın aşiretindeymiş. Allah'tan sürgünle mahzunlaşan aşiretin yükünü sürelerin bereketi güldürmüş.

Kırkına yeni girmiş bir hükümdarın solgun çehresi ülkenin tüm insanlarının çehresine siner olmuş. Yalnız Mir Rıza'nın aşiretindeki insanların yüzü gülüyor, dağların soğuğunu ciğerlerinde hissetseler de gülüşlerinden sıcaklık yayılıyormuş Nişapur'a, küçük sultan kaybolana kadar.

Berfin, Muleyka'nın yüreğine mevsimin ilk kar taneleri gibi düştüğünde daha yirmisinde yokmuş. Babası yaşında bir adam diyorlarmış hükümdar için. Oysa Mir Rıza Muleyka'nın babası Muhsin Şah'la yaşıtmış. Yaşıtmış laf değil arkadaşmış. Ne zaman, 'Arkadaşlık ayrı hükümdarlık ayrı,' deyip Mir Rıza'yı hükümdar olduğu gün sarayından kovmuş, işte o günden sonra Mir Rıza'nın başından bela gitmez olmuş. Yaşlı Kürt beyi her aklına o ayrılık günü geldikçe: 'Hey gidinin koca Muhsin'i! Toprak yüzünden bana düşman oldun, toprak benden evvel seni aldı içine. Hükümdarlık yolunda yoldaşını kötüledin, üç arşın çaputun hükümdarı oldun,' dermiş.

Kaderin hükümdarı ise babasının eski dostunu bir gün de olsa sarayında ağırlayan Muleyka'nın feleğini şaşırtmış, hareminde dünyanın incileri olduğu halde. Sürgün Mir aşiretiyle Merv'den geçerken hükümdar, aşiret reisine konuğu olmasını, ailesiyle birlikte sarayını şereflendirmesini ister. Kadrini bilmese de eski dostu olan Muhsin Şah'ın oğlunun davetini geri çevirmez Mir. Muleyka isyanlardan bahsetmez. Dostluktan, ahbaplıktan, Mir'in babasının eski dostu ve kendisinin danışmanı olacağından bahis açar. Mir'in: 'Oğul, akıllı adamı yılan iki kere ısırmaz. Bir hata bir ömre yeter,' sözlerine gücenmez Muleyka. Ama misafirlerine hediyeler verilip göç kervanı uğurlanırken eli havada kalakalır. Şehla gözleriyle, halhallı ayaklarıyla bir ceylan geçer önünden. Şehla gözlü ceylanın Merv Sarayı'na Kürt Gelin diye gelmesi uzun sürmez. Hükümdar Muleyka'nın Nişapur taraflarına bakıp da gözünün ıslanacağı günler ilerdedir. Mir Rıza'ya başlık olarak ne kadar toprak, ne kadar paye verilmek istendiyse elinin tersiyle iter. Göç Dağlarının tapusundan, bir de hayır duadan gayrısını istememiş. Dört kış bahar havası esmiş ülkede. Ne dışarıdan bir düşman saldırmış, ne içeride bir isyan olmuş. Hindistan'dan, Mısır'dan beyaz taşlar getirilmiş Merv'e, İsfahan'a, Nişapur'a. Kar renginde mabetler inşa edilmiş. Başka renklerde de taşlar getirilmiş. Beyaz taşlı mabetler Berfin Hatun adına, mavi taşlı mabetler Türkmen Hatun adına, yeşil taşlarla da birçok binanın içi Çerkez Hatun adına yapılmış. Saadet zamanları uzun sürmezmiş Babil'den bu yana, tüm dünyanın kesiştiği topraklarda... At hırsızları namıyla bilinen bir milletin bu masalı bıçak gibi kestikleri söylenir.

Berfin Hatun'un Beyaz Sarayından bağırış, çağırış bir gürültü koptuğu sırada hükümdar, halkının Kadir Gecesi'ni kutlamış, fakirlere hediyeler dağıtmış, esnaftan hediyelikler almış, muhafızlarıyla sarayına dönüyormuş. Kafilenin arkasından gelen bir uşak akşam bile tüyleri ışıldayan siyah bir tayı getiriyormuş. Berfin Hatun'un adsız oğlu, Muleyka'nın varisinin doğum günü hediyesiymiş siyah tay.

Muleyka saray bahçesine girdiğinde Kerbela'ya vardığını sanmış. Berfin Hatun, daha yirmi dördüne varmamış Kürdün gelini, beyaz entarisinin etek uçları kanlar içinde yerde yatıyormuş. Yanı başında Berfin Hatun'un ağabeyi, muhafızbaşı Azer'in bedeni ikiye ayrılmış, bahçeye onlarca muhafız ve saldırganın ölüsü saçılmış... Berfin'i ayak bileklerinden kesmişler. Azer'in boynunu vurmuşlar... Talan bahçesi olmuş Beyaz Saray'ın bahçesi. Bembeyaz sarayın bahçesi neredeyse kıpkırmızı olmuş. Birden çocuk sultan düşmüş aklına Muleyka'nın. 'Hüseyin, Hüseyin...' diye bağırmaya başlamış. Berfin Hatun'un cansız bedeninde hâlâ canlı duran gözlerine bakan Muleyka, şehla gözlerin elindeki yırtık gömlek parçasına takılı kaldığını görmüş. Hükümdar şehla gözlü ceylanın gözlerinden son bir kez öpüp, Berfin Hatun'un elindeki yırtık gömlek parçasını almış. Dört yıl boyunca ağlamayı unutan adam ağlaya ağlaya elindeki gömlek parçasını koklamış. Muhafızlar ne yapacaklarını şaşırmışlar, ölü muhafızların kimler olduklarına bakarlarken, Muleyka gürlemiş: 'Aç şahinler gibi ölülerin üzerinde dolaşacağınıza, gidip diri olanı getirin,' demiş. Türk diyarına, Arap diyarına ve Çerkez diyarına haber uçurulmuş. Acem diyarına bir müfreze gönderilmiş. At hırsızlarının Tanrı Dağlarının çok ötesinde oldukları öğrenilince, savaşlar kurulmuş, barışlar unutulmuş.

O gece çarşıdan dönüşte muhafızların ardından getirilen taya bakması için dört seyis getirilmiş. Hükümdar: 'Zencefil'in bir kılına zarar gelirse sizden bilirim. Bu atı Hüseyin için hazırlayacaksınız. O elbet bir gün gelecek,' demiş.

Mir Rıza kızının cenazesini almak istediğinde Muleyka vermek istememiş. Babasının dostluğu, yenilen hakkı ve ömür boyu başından eksik olmayan belaları sıralayınca, Muleyka'yı cenazeyi vermeye razı etmiş. Belh'in en iyi ustaları getirilip Göç Dağı'nın en yüksek düzlüğüne beyaz bir kabir yaptırılmış. Hükümdar yöreden bir de hafızı sürekli kabirde Mushaf okusun diye vazifelendirmiş.

Hatunlarıyla halveti kesen hükümdar onlara yol vermek istediğinde birer birer boyunlarını uzatmışlar Muleyka'nın önüne. Bu hale dayanamayan hükümdar hepsinden helallik dilemiş. Haklarını helal eden haremi ise, 'Hakkını helal etmesen bile bizi sensiz bırakma,' dediklerinde az da olsa yüreğinde bir ferahlık duymuş.

Yedi yıl boyunca bir haber alınamamış Hüseyin'den. İmi timi belirsiz olmuş. Yedi yıl boyunca Nişapur'a ne zaman yağmur yağsa, Belh hükümdarı Muleyka'nın gözleri ıslanmış. Yedi koca yıl çarşı pazar görmemiş Muleyka. Yedinci Kadir Gecesi'nin akşamında esnaflar dükkânlarını kapatacakları zaman inmiş pazara. Hal hatır etmiş. Gülmeyen yüzleri güldürmüş. Haremini Beyaz Cami'ye götürmüş. Cami çıkışında fukaraya ihsanda bulunmuş. Halkı da haremi de karabasan geçiyor diye sevinmiş. Hatta Belh şehrinin delilerinin o gece şaşkınlıktan akıllandıkları söylenir.

Şehirde, o gecenin Kadir Gecesi olduğuna kanaat etmiş âlimler. İnsanlar, 'yarın daha güzel olacak' düşüyle uykuya varmışlar.

Sabah büyük saraydan Türk dilinde, Çerkez dilinde, Arap dilinde ağıtlar yükselmiş gökyüzüne.

Hükümdar Muleyka kayıp oğluna aldığı Zencefil'le birlikte o Kadir Gecesi'nin geç vaktinde sırra kadem basmış.

İz sürücüler atın izini takip ederek Beyaz Kabre kadar varmışlar. Hafıza ne sordularsa cevap alamamışlar. Çünkü hafız yedi yıldır Mushaf'ı okurken tek kelime dünya lisanı konuşmamış. Vazifeye başlarken Muleyka'ya Mushaf üzerine yemin etmiş 'Dünya kelamı etmeyeceğim,' diye. İz sürücülerin ikinci takibe gönülsüz olduğunu gören muhafızbaşı kılıcını çekmiş. Bunun üzerine ihtiyar bir iz sürücü: 'Ağam! Hükümdar buraya at sırtında gelmiş lakin geri dönüşte atı salıvermiş. Buradan yalnız at gitmiş.' Söylenenler üzerine Beyaz Kabrin dört bir yanında aranmadık yer kalmamış. Muhafızlar içeri girmek istediklerinde ihtiyar Mir Rıza yetişip, hançerini çekmiş. 'İçerisi hem hükümdarınızın, hem de benim haremimdir. İçeri girme terbiyesizliğini yapacak olan varsa gelsin!' dediğinde aşiretin gençleri de muhafızları kuşatmışlar.

Kılıçlar kınına, atlar haralarına, aşiret obasına, muhafızlar Belh'e dönmüşler. Lakin Muleyka bir daha sarayına dönmemiş."

Topkapı-Kadıköy hattında, Boğaz Köprüsü'nün tam üzerindeydik sen Kayıp Sultan'ı anlattığında. Boğaz'daki yakamozlar yağan yağmurla, ıslak ve şehla gözlü Berfin Hatun gibi izliyorlardı bizi. Denize bakarken dalıp dalıp gidiyordun. Bense, önümde açılan bir masal kapısının önünde efsunlanmış gibi duruyor ve üşüyordum. Beni o masalın tam önüne getiren karalar giymiş çocuğu o güne kadar hiç görmemiştim. Herhangi bir seçim hakkım yoktu. Bilmediğimi, tanımadığımı, seni seçmiştim o gece üniversiteli bir kız heyecanıyla. Senin ne iş yaptığını, nereli olduğunu, İstanbul'da ne aradığını, o gece nereye gittiğini bilmiyordum. Zaten yolculuk bittiğinde kendimize dair hiçbir şey konuşmadığımızı düşünüp şaşırmıştım ki, "Hoşça kal!" demiş ve obüsten inmiştin...

Karacaahmet Mezarlığı'nda otobüsten indiğimde saat gece on bir civarındaydı. Bir hikâye dinlemiş, tanımadığım bir insanla saatlerce konuşmuş, tuhaf bir yolculukta kaybolmuş, birden kendimi Karaca Ahmet Sultan'ın kabrinin önünde bulmuştum. Islanıyordum.

Üç ay boyunca her siyahlar giyen gencin yüzünde senin kara gözlerini aramıştım...

GİRDAP

Şu kış gününde, buz tutmuş Anadolu yollarında fırtınanın sonu gelmek bilmiyor. Evimden ilk kez bu kadar uzağa yolculuğa çıkıyorum. Yalnızım. Oysa bu otobüse birlikte bindiğimizi, senin sayısız defa geçtiğin yollardan geçtiğimizi az hayal etmemiştim.

Korku kahpe bir yaraydı. Sen o yarayı kaşımaktan ürpertici bir zevk alıyordun. Korktun! Benimle, senin kentine varmaktan, doğduğun köye gitmekten, bana yalnız gezdiğin tepeleri göstermekten korktun. Selahattin öğretmeni, Hasan'ı, Murat'ı ve öteki arkadaşlarını benimle tanıştırmaktan korktun. Yıllarca görüşmediğin halde her gün görüyormuşsun gibi andığın insanların bizi birlikte görmesini istemedin. "İnsan yalnız doğar, yalnız yaşar ve yalnız ölürdü." Böyle diyordun. Zamanla: "İnsan doğdu, acı çekti ve acı çekmeye devam ediyor," demeyi de öğrenmiştin.

Acını benimle paylaşmayacağını, bana acı olanı göstermeyeceğini anlatırdın. Ama beni acılarından uzak tuttukça bir maskeyle konuştuğumu sen de biliyordun. Aslında, bir yeraltı örgütüne yeni katılmış sempatizana nasıl davranılırsa öyle davranıyordun bana. Seninle tanışmamın hatta kader arkadaşı olduğuma inanışımdan kaç zaman sonra öğrenmiştim o kapatılan partinin üyesi olduğunu, Bayrampaşa Cezaevi'nde yattığını, Bosna'ya savaşa gidip de Hırvatistan'da tutuklu kaldığın zamanı... Anlayamadığım, ben senin için yeni bir hayata açılan kapıdaki yoldaşın, dildaşın, sırdaşın isem neden bütün olanları benden sakladın? Tabii, burada değilsin ve cevap veremezsin. Zaten yanımda olsaydın bu yolculuk muhtemelen daha başka niyetlerle yapılıyor olacaktı. Aslında bu soruyu sorduğum halde kaçamak cevaplara ve hikâyelerine sığınıyordun. Senin o kaçak halini gördükçe bir yabancılık çökerdi üzerime. O anlarda sık sık, "Benim bu evde işim ne?" "Neyin peşindeyim ki buralara geldim?" diye kendime yürek burkan sorular sorardım. Buz gibi olurdu bulunduğumuz mekân. Sen soğuktan gelmiştin ve üşümüyordun. Ama benim yüreğimdeki üşüyen çocuktan bihaberdin. Öyle ya, "Ananızdan doğduğunuz günden beri ruhunuza karlar yağardı" sizin, senin, hepinizin! Oysa, "Ben bir kız çocuğuydum, saman çöpüne tutunmuş bir kız çocuğu." Siz, sen, hepiniz ne anlardınız beni?

Sen beni anlamamıştın ama uslanmaz çocuk, seni anlamıştım. Sana borçlanmıştım. Bir insanı anlamanın ona borçlanmak olduğunu bildiğinden olsa gerek kimseyi anlamak istemiyordun. Selahattin öğretmeni ve Murat'ı anladığın için kafanda sürekli onları taşıyor, onlarla tartışıyordun. Sürekli izlendiğini düşünmene biraz da onlar sebepti. Onların varlığı seni hiç terk etmedi. Anasından göbek bağı kesilmemiş bir bebek gibi bağlıydın hatıralarına ve eski dostlarına. Elini uzatsan dokunacağın bir uzaklıkta tutuyordun onları. Zamanın durduğu yere basmıştın ayaklarını. Ama günübirlik bir hayatın cenderesinde sen de pişiyordun. Ne çok şeyden kaçıyordun, en çok da yarım bıraktıklarından. Hesaplaşmalar, dostluklar, yenilikler ve benden. Oysa en yakınında bizler vardık. Sanki "Nasıl olsa bunların hepsi elimin altında," diyor ve senin olmayan kavgalarda boy gösteriyordun. Doğru, sen sahiplenmeyi öğrenememiştin. Özel olan, sana has olan bir masal alanın vardı. Geri kalan ne varsa kamu malıymışçasına yanlarından geçip gidiyordun.

Şu kadın da anneme ne kadar benziyor... Huyu da benzemez inşallah. Ah anneciğim, ah! Her şeyi sorardın. Aklına ne eserse sormaktan geri durmazdın. Hele ona dair sordukların, benim aklıma bile gelmeyen sorulardı. Babası ne iş yapardı? Annesinin yanında yeterince kalmış mıydı? Kardeşlerinden en çok hangisini severdi? Zamanını en çok nerede geçirirdi? Doğrusunu söylemek gerekirse zamanını en çok nerede geçirirdi ben de bilmiyorum. Benden ayrı olduğu zamanlarda neler yapar, öylesine bir bilgim olurdu.

"Hayır teyze. Bir arkadaşı ziyarete gidiyorum."

Evet, bir başıma n'olmuş? Yavaş yavaş başlıyor istila. "Otobüs yolculuklarının iki tehlikesi var," derdin. Şimdi birincisiyle karşı karşıyaydım. Hiç tanımadığım ve dokuz on saat yanımda yolculuk yapacak olan insanın dertlerini dinleyip dinlememe sıkıntısı başlıyor. Teyze dediğim kadın kızının yanındaymış. "Altı sene oldu," diyor. Torunlarının şirinliği, sevimliliği otobüsün camlarına yapışıp kalıyor. Damadı onu otobüse bindirirken derin bir nefes alıyor. Kızının gözyaşları neredeyse otobüsün ilerlemesine izin vermeyecek bir sel oluyor. Teyze her "Aşrı aşrı memlekete kız vermesinler," türküsünü duyduğunda Harem'de, "Beni de götür anne," diyen bir kızın sesine ağlayacak. Kocasının yıllar önce kendisini aldatması yetmiyormuş gibi, kızını bir yaban oğlanın hem dövmesi hem de aldatması yıkacak. "Kadın olmak zor." Bunu söyleme teyze. Sevdiğinin peşi sıra yollara düşen yanındaki kızcağıza, "Kadın olmak zor kızım," deme. Daha kadınlığını anlamamış bir kızım ben! Kendi korkularımdan, hesaplaşmalarımdan ve isteklerimden onca zaman ayrı kalmış bir kızcağızım. Şu kahrolası yolculuksa ilk kez kendi istediğime ulaşmak içinken beni yolumdan döndürecek, dermanımı kesecek sözleri söyleme! Hem bu ülkede sadece kadın olmak ya da erkek olmak zor değil ki!.. Asıl ayakları üzerinde durabilen bir insan olmak güç olan. Doğru, ben pek sevmem konuşmayı. Daha çok dinlemeyi severim. Daha çok da başkalarının hikâyelerini. Sana onun masallarını anlatmak isterdim ama söyledim ya konuşmayı pek sevmem. Eminim için-den, "Amma da soğuk kız. Koca falan bulamaz bu haliyle," diyorsundur. Ben de koca yoluna ölecek göz mü var anam! Hem üzgünüm, bu yolculukta sana çenesi düşük birilerini yol arkadaşı olsun diye başka bir yolcu bulamamışlar. Ne yapalım bu sefer benim yaptığım gibi sen de kendi kendine konuşacaksın. Senin sorularına cevap vereceğim diye her dönüşümde yan koltuktaki delikanlının beni yiyecekmiş gibi bakması da yeterince canımı sıktı. Anlaşılan otobüs fantezileriyle büyümüş ki melül melül bakıyor. Sanki teyzesinin kızıyım. Sanki aylardır görmediği sevgilisiyim. Otobüsten inip arkadaşlarına kavuşunca: "Otobüste bir yavru vardı... Benden bir kez olsun gözünü ayırmıyordu!" demekten gayrı maharetin yok aslanım senin. Uzaktan yaşarsınız siz baygın bakışlı ahmaklar. Ve hayallerinizle avunursunuz.

Bu otobüsün dışı ne kadar soğuksa içi de o derece sıcak. İyi ki sigara içmeyi yasak ettiler kapalı mekânlarda. Yanımdaki arabesk fırtınasına bir de sigara dumanı eklenseydi halim harap olurdu. "Hayır, almayayım." Senden su isteyen mi var salak! Sen git de yıllar önce senden su isteyen, hâlâ getireceğini umut eden saf yolculara götür onu. Bu da ikinci tehlike: Bir muavinin ne yapacağı hiç belli olmaz. Kimi yolcuları Hüseyin belleyip susuz bırakır, kimilerini de Nuh Tufanı'na tabi tutar. Hadi aslanım yoluna. Bu arabanın yolcusuyum, ama senin yolunda değilim.

Benim sizin yolcunuz olduğum da doğru değil. Kendi kanımın izini takip ediyorum sanırım. O'nun bıraktığı izlerde benim kanımdan işaretler var. Bende açtığı yaralardan saçılan kanlar...

Senden ilk yarayı aldığım günü asla unutamam. Birbirimizin adından başka bir şey bilmiyorduk. Yağmurlu bir İstanbul gününde otobüste mahsur kalmış iki yolcu tanışıklığından öteydi aramızdaki konuşmalar. Bir de çantama o gece bırakılan karanfil tohumları var. Çok zaman sonra itiraf ettin onları çantama bıraktığını. O gecenin üzerinden bir yıl geçmişti. Seninle konuşmak istedimse de bir türlü karşılaşamadık. O protesto gününde karşılaştık. Ama ne karşılaşmaydı!... Seni görmekten umudu kesmiştim belki de. Yıllar öncesinin güzel bir rastlantısı oluyordun Kazancakis'in bir kitabını gördüğümde.

O gün oraya, kampüsün önüne gitmeyecektim. Başıma geleceklerden çok Vedat'ı görmek istemediğim için gitmek istemiyordum. Partinin İktisat Fakültesi gençlik kolu başkanıydı. Çıkma teklifini reddetmeme rağmen bir türlü peşimi bırakmıyordu. Amfiden çok kantinin gediklilerindendi. Okulda ne zaman bir kavga çıksa mutlaka polis onu da götürürdü. Zamanla bayağı bir dedikodu olmuştu Vedat'ın Emniyet'e sık götürülmesi. Hâlbuki onun bağlı olduğu grup nadiren kavga eder, daha çok da bu kavgalar birbirine yakın sol gruplar arasında olurdu. Vedat'ın içinde olduğu gruptan kimseyi götürmezlermiş karakola. Zamanla diğer gruplar küçük grubun sataşmalarına cevap vermez olmuşlardı.

Tam kampüs girişinde, tarihi kapının önündeydiler. Hepi topu elli öğrenci ancak vardı. En önde Vedat ve birkaç arkadaşı, arkalarında İşçi Partili, kızlı erkekli öğrenciler vardı. Bir ara Amerikan Lisesi'nden okul arkadaşım Zeliha'yı görür gibi oldum onların arasında. Zeliha, Edebiyat Fakültesi'nde İngiliz Filolojisi'ndeydi. Sabahın erken saatinde, hem de bizim okulun önünde, bu slogan atan insanların içinde ne arıyordu? Polis otobüsleri yeni gelmişti. Öğrenciler ahenksiz, karışık sloganlarına devam ederlerken Zeliha'ya ulaşabildim. Beni karşısında görünce şaşkınlıktan küçük dilini yutacak oldu. Onu görmeyeli neredeyse iki yıl olmuştu. Son gördüğümde ise bir vapur yolculuğunda karşılaşmıştık. O günden sonra ne ben onu aramıştım ne de o beni aramıştı.

Zeliha, Kuva-yı Milliye ruhuna teslim olmuş bir Anadolu kızıydı sanki. Vatan elden gidiyordu ve arkadaşlarına destek olmak için oraya gelmişti. Vedat sayesinde gerçekleri görmüş ve doğru arkadaşlar edinmişti. Yabancı dilini de partinin il teşkilatı için çeviriler yaparak değerlendiriyor, vatan savunmasında kullanıyormuş.

Ne kadar da yanlış yolda olduğunu, kırıcı olmadan anlatmaya çalıştımsa da, Zeliha'yı oradan gitmeye ikna edemedim. O sırada Vedat'ın araya girip, "Sen bize katılmıyorsun, bari katılanları engelleme!" diye ihtar çekmesi gergin havayı daha da gerdi. Zeliha'nın bir taraftan "Mollalar geldiğinde gör bakalım sokağa çıkabilecek misin?" demesi tepemi iyiden arttırdı. "Hayal görme kızım! Burada askerden başkası emir veremez. Anlamadıysanız acırım size. Hem Vedat daha iyi bilir Mollaların kimin ekmeğine yağ sürmek için iktidara getirildiklerini..." Vedat'ın rengi attı. "Ne demek istiyorsun kızım? Mollaları getirdiyse asker değil, kendini bilmez çapulcular iktidara getirdiler." "Bak sen!... Bu ülkede iktidarı belirleyenler ne zamandan beri çapulcu dediğin halk tabakası olabildi ki?" dedim ama Vedat'ın fazla vakti yoktu. Protestonun ilerlemesi için onun en önde olması gerekiyordu. Hem gönlünü verdiği hem de yoldaşı yapamadığı kızı dinleyemezdi. Bu arada Zeliha'yı da kaybetmeye razı olamazdı.

"Mollalar İran'a!", "Sermayenin İpleri Yobazların Elinde" diye sloganlar atan grup polisin üzerine yürüyünce olan oldu. Yırtılan dövizler, çekilen coplar, karga tulumba götürülen kızlar, yumruklanan erkekler... Her şey beş dakikaya kalmadan tamam olmuştu. Öğrencilerin kimi polis otobüsünün camına ellerini zafer işaret yapıp yapıştırıyorlar, sert yüzleriyle bizleri seyreden insanlara bakıyor, kimi de açık camlardan, "Yobazlara Geçit Yok!", "Sermayenin İpleri Yobazların Elinde" diye slogan atmaya çalışıyordu. Beni de almışlardı. Zeliha'yı götüreyim derken beni de götürüyorlardı. En son Vedat'ı da arabaya aldıklarında, şoför, amirinin emriyle hareket etti. Beyazıt Meydanı'ndaki o manevra anının bitmemesini iki şey için istiyordum. Otobüs bir atlıkarıncaymış gibi o meydanda dönsün dönsün isterdim. Amerikan Lisesi'nin bahçesindeki salıncağa oturduğumda sonsuza kadar sallanacağımı düşünürdüm. Oturağın tam karşısında şapelin önünü kesen duvar vardı. Her salıncağa oturuşumda duvardan ötesine, yıllar öncesine elişi öğretmenimiz Miss Avery ile bir yolculuğa çıktığımı düşünürdüm. Miss Avery altmış yaşını geçmiş, bekar ve lisenin en eski bayan hocasıydı. Salıncakta gözlerimi kapatır, şapelde uzun bir dua merasimine başlardım. Üsküdar Amerikan Lisesi'nde günlük ders saatinin başladığını bildiren zil çalınca az düşmemiştim o salıncaktan.

Beyazıt Meydanı'ndaydım. Bir polis otobüsünde ve uzağında olmak istediğim onca insanın arasında ilk kez karakola götürülüyordum. Belki de hiç bilmediğim bir yere. Korkuyordum. Annem için üzülüyordum. Kızının bir eylem sırasında tutuklandığını öğrenen emekli komiserin karısı Melike Hanım'ın üzüntüsünü düşünüyordum ve otobüsün sonsuza kadar meydandan çıkmasını istemiyordum.

Tramvay yolu taraflarından gelmiş olmalıydı. Kirli sakallıydı. Üzerinde siyah bir pantolon, askeri bir parka vardı. Ama yağmur olmalıydı. Bu yüz bir yağmura yakışacak kadar masum duruyordu. Ben bu yüzü bir fırtınalı gecede Kadıköy'e giden bir otobüste bırakmıştım. Çantama bırakılan karanfillerin kokusu vardı o yüzde. Yıllar öncesinden gelen bir ismi vardı. Evet, Mansur'du bu! Elleri cebinde otobüsü izleyen kirli sakallı, mütebessim bir sureti vardı.

Daha fazla dayanamadım. Benim "Mansur," diye bağırmam ve el sallamam üzerine zafer işaretleri geri çekildi, sloganlar sustu. Dudaklarını okuyabiliyordum. "Leyla," demişti. Otobüs birden durdu. Ben hayalimin gerçek olduğunu düşünürken otobüsten iki polis atladı ve Mansur'un peşine düştüler. Edebiyat Fakültesi'ne doğru bir kovalamaca başlamıştı. Kahretsin! Suçsuz bir insan daha avlanacaktı.

Polis amiri Vedat'a yaklaşmış, bir şeyler soruyordu. Vedat'ın "Evet," dediğini duydum. "O da mı sizdendi?" "Evet!" Bin kere lanet olsun sana Vedat! "Neden yaptın bunu?" dediğimde imalı bir gülüşle, "Bir gönüllü yoldaş daha kazandık, kötü mü oldu?" dedi. İki polis geri döndüklerinde hem üzüldüm hem de sevindim. Mansur'u bir daha göremeyeceğim diye üzülüyordum ama yakalanmadığı için de seviniyordum.

Şanlı güvenlik güçleri sayesinde Emniyet'e, Vatan'a kavuşturulmuştuk. Yanımızdaki kızlarla uzaktan tanışıyordum. Zeliha, Amerikan Lisesi yatılılarından, bir memurun dördüncü kızıydı. Onun hikâyesi her daim New York'ta biten bir hikâyeydi. Muhafazakar ailesinden uzak, özgür dünyada, bir başına yeniden keşfedecekti hayatı. Üniversiteyi Amerika'da okumak için yapmayacağı yoktu. Gidemedi. O gün Emniyet'ten dışarıya da çıkmadı. Vedat'la Zeliha'yı Emniyet'in bodrumundaki odalarından ikisinde alıkoydular. Başıma geleceklerden korkuyordum. Gözüm durduk yere yanımızdan geçen polislerin bellerindeki coplara takılıyordu. Kısa copların pilli olduklarını söylemişlerdi. "Çalıştıklarında elektriğin piç hali meydana gelir." Bu cümlenin kime ait olduğunu hatırlamıyorum ama çevik kuvvet polislerindeki değnek gibi coplardan çok, boyu otuz santimlik cetveller kadar olan coplardan korktuğumu hatırlıyorum. Sürekli bacaklarımı birbirine yapıştırmaktan terin suyun içinde kalmıştım. "Gel!" diyorlar varıyor, "Git!" diyorlar gidiyorduk. Bir müddet bodrumdaki büyük odalardan birinde kaldık. Ne kadar sürdüğünü hatırlamıyorum ama bizi bıraktıklarında öğle olmuştu. Bana anlatılanların yanında bizim Emniyet maceramız sanki turistik bir gezi gibiydi. Dışarı çıktığımda içeri alınma sırasındaki korkudan daha fazla bir korku sardı bünyemi. Fişlenmek! Fişlenmiş miydim? Fişlenmenin ne biçim bir şey olduğunu bile bilmiyordum o sıralar. Vedat'la Zeliha'yı salmadıklarını fark ettiğimde içimi daha soğuk bir ürperti sardı. "Vedat neyse de Zeliha ne yapıyordu şimdi? Kızcağız korktuğum şeylerle mi sınanacaktı?" Ben bunları düşünürken Amerika rüyasına yatan bir kızın neden Vedat gibi birinin peşinde protestoya çıktığını düşünmemiştim.

Zeliha, Amerika'ya gidemedi. O gün Emniyet'ten dışarı çıkmadı ama çıktıktan sonra da sıkça Emniyet'e götürülür oldu. Korktuklarımın hiçbiriyle de sınanmadı. Benim bu sıcak ve bunaltıcı otobüs yolculuğunu yaptığım sırada muhtemelen bir "Yobazları Protesto" gösterisinin ön çalışmalarını yapıyordur. Yanında da kocası Vedat vardır!

Sonraki günlerde Beyazıt Meydanı'nda sayısız gösteri oldu. İşçi Partililer ne kadar uzağımdaysa o kadar uzağımda olan insanların gösterileriydi bunlar. Üniversitede kılık kıyafet yönetmeliğinin yeniden düzenlenmesi birçok öğrenci sokağa dökülmüştü. Sağcı, solcu, İslamcı, Kürtçü... Birçok grup birlikte hareket ediyormuş o hafta. Ben daha çok Zeliha'nın başına ne geldiğini öğrenmek için Edebiyat Fakültesi'ne gidiyordum. Mansur bir hayaldi ve bir daha göreceğimi hiç düşünmemiştim. Protesto gününde Vezneciler'de kaybolan eski bir hayaldi ve kendimi olası bir hayale karşı savunmalıydım. Karşıma nerede, ne zaman ve nasıl çıkacağı belli olmayan bir insana dair hayal kurmak yüreğimi burkmuştu bir kere.

Kantin neredeyse bomboştu. Daha önceki gelişlerimde gördüğüm hararetli, işveli, çekingen, ders notları taşıyan, gazetelerin içine gömülen, bildiri dağıtan, çaylarını içerken mahmur mahmur bakan öğrencilerden hiçbiri yoktu. Kantin sadece görevliler ve orada burada birileri var mı diye göz atan öğrenciler dışında müşterisiz ve acınacak bir haldeydi. Önceleri gördüğüm yer yer kasvetli yer yer de şen şakrak olan havasını arar oldum. Ne o havayı ne de Zeliha'yı kantinde bulabildim. Geçtiğim koridorlar da bomboştu. Ancak okulun altından gelen bir uğultu tüm koridorlarda yankılanıyordu. İçimi bir ürperti kapladı. Gözaltına alındığım gün olduğu gibi kanım damarlarımdan çekiliyordu sanki. Yanımdan beş-altı kişi koşarak Sosyoloji bölümüne daldılar. Öğrenci olmadıkları her hallerinden belli olan bu insanlar akademisyen ya da hademe de değillerdi. Siviller, bir şeyleri kurtarmak ya da yok etmek için giden insanlardan farksızdılar koşarken.

İngiliz Filolojisi'nin olduğu kata çıktığımda boşaltılmış bir okulda olduğum hissine kapılıyordum ki gözaltına birlikte alındığımız iki kızı bir asistanın odasından çıkarlarken gördüm. Bakışlarında bir soğukluk olmasına rağmen mesafeli bir "Merhaba," deyip yanımdan geçeceklerdi ki, "Zeliha! Zeliha'dan haberiniz var mı?" diyebildim. Onların cevap vermesine gerek kalmadan aynı odadan Zeliha da çıktı. Beni karşısında görünce yüzünden kara bir bulut geçer gibi oldu kızcağızın. "Burada olmamalıydım. Bu aptal kızı merak etmek bana mı düşerdi?" diyordum kendi kendime. Zeliha ise o gün karşısında en son görmek istediği insanı görmüş gibi bakıyordu yüzüme. Ben daha, "Neler oldu? Sana bir şey yaptılar mı? Nasıl çıktın?" diyemeden, "Burada ne arıyorsun?"

dedi buz gibi bir sesle. Her ne kadar onu merak ettiğimi, başına bir şeyler gelmesinden korktuğumu anlatmaya çalıştımsa da pek inanmadı. Bense düştüğüm duruma inanamıyordum. Eski bir arkadaşımı merak ettiğim için dersime girmemiş, lanet olası koridorlarda onu ararken abus bir çehreyle karşılanmış, neredeyse orada olduğum için suçlanıyordum. Dayanamadım. Tam gideceğim sırada ona neden böyle ters davrandığını sordum. "Sen Vedat'ı hak etmiyorsun! Ancak o geri zekalı ve gerici Mansur gibiler senin dengin olabilir!" dediğinde, ne demek istediğini anlayamadım. "Ne Vedat'ı, Mansur kim?" demeye kalmadan onu bekleyen diğer kızların yanına gitti. Ben peşinden koşup ona yetiştiğimde diğer iki kız önüme geçtiler. Kızlar ona ulaşmama izin vermiyorlar hatta beni kollarımdan tutuyorlardı. "Vedat'ın peşini bırak!" Zeliha çıldırmış olmalıydı. Benim Vedat'ın peşinde olduğuma inanacak kadar aptal olamazdı. O sırada ağzıma ne geldiyse söyledim. Köşe bucak, gölgesinden dahi kaçtığım bir insan yüzünden suçlanmam hatta ona asıldığım düşüncesinde olmam beni çileden çıkarttı. Zeliha'nın saçından kavramıştım kavramasına ama ellerimi midemdeki sancının üzerine bastırmam gecikmedi.

Okul bahçesine bakan koridordaki balkon penceresinin önünde fazla durmadım sanırım. Üstüm başım dağılmış, çantamda ne var ne yoksa yerlere saçılmıştı. Asistan dışarı çıkıp da bizi ayırmasaydı o şıllıklar beni komalık edecek kadar nefret doluydular. O zaman anlayamamıştım nefretlerinin sebebini. Şimdi ise kandırılan genç kızların âşık ve militan olma yolundaki cengâver, erkeksi pozlarına gülmekten ve acımaktan başka bir şey yapamıyorum. Çantamı toplamama yardım eden asistan beni lavaboya götürmek istedi, beni yalnız bırakmasını rica ettiğimde biraz daha durup gitmişti. Bahçedeki boş havuzun etrafında yüzlerce öğrenci vardı. Öylesine, bakıyordum. Dışarıda bir gerginlik mi var, kutlama mı var, umrumda değildi. Öğrencilerin sayısı gittikçe artıyordu. Polisin sayısı da artıyordu. Gözümü çantama doğru çevirdiğimde kalorifer peteklerinin yanında tükenmez kalemimi gördüm. Kalemi çantama koyarken gözüme kahverengi iki küçük, kibrit barutu büyüklüğündeki tohumlar ilişti. Demek çantamın gizliliğine sığınıp, orada saklanmış iki karanfil tohumu daha kalmıştı. Daha önce Mansur'u bulmaktan umudumu üzünce karanfil tohumlarını Boğaz'ın sularına fırlatmıştım. Bu iki tohum ise bir işaret gibi karşıma çıkmıştı. Onları avucuma alıp çömeldiğim yerden kalktım. Lavaboda toparlanırken o aptal kızın Mansur'dan bahsettiğini hatırladım. Zeliha, Mansur'u nereden tanıyordu? Benim bilmediğim kim bilir daha neler vardı o aptal kafasında. Ama Vedat'la aynı anda, aynı cümlede geçen bir Mansur, herhalde bitip tükenmeyen savaşlarının, vatan kurtarmalarının bir yerinde yer alıyordu. Belki Mansur da örgüttendi. Vedat'ın örgütünde olamazdı. En iyisi ben buralardan bir an önce gitsem iyi olacak. Bugünkü şaşkınlık ve aşağılanma yeterli!

Sekreterliğin olduğu merdiven tarafından inerken, dışarıdaki kalabalığın merdiven sahanlığına yığıldığını görmüştüm. En alt kattaki merdiven boşluğunun olduğu açık alanı dolduran öğrencilerin bir ucu sanırım Arap Filolojisi bölüm koridoruna kadar uzanıyordu. Kalabalık artarken bir taraftan da dekanın olduğu sekreterlik katına doğru ilerliyorlardı. Daha önce yanımdan koşturan sivil polisler ikinci katta merdivenlerin tam ortasında durmuşlar, kalabalığın yukarı çıkmasını engellemeye çalışıyorlardı. Kalabalık, dekanı istiyordu. Bir maçta yapılabilecek tüm tezahüratlar vardı kalabalıkta: "En büyük dekan bizim dekan!", "Dekan buraya yumruk havaya!", "Alemdar Alemdar âlem sana dar!", "Demokrat

Dekan!", "Hak verilmez alınır!", hatta "İbne hakem!" seslerini bile duydum. Başımdan geçenleri unutmuş, merdiven tırabzanlarından tutunarak ilerlemiş, kalabalığı destekleyenlerin arasına karışmıştım. Tırabzana yaslanan öğrenciler de, "Yaşşa! Var ol!", "Vur vur inlesin, Alemdar Edebiyat'ı dinlesin!" diye tempo tutuyorlardı. Karşılıklı bir kaynaşma, bir eğlence vardı sanki. Dekan geldiği sırada, "En büyük dekan bizim dekan!" sloganı daha sık ve daha gür söyleniyordu. Tam o sırada gördüm. Kalabalığın coşkunluğu ortasında iki kişi, sessizce yukarıya, dekanın olduğu birinci katın merdivenlerine bakıyorlardı.

Mansur'un yanındaki Küba devrimcilerine benzeyen uzun sakallı adamın ağlayacak gibi bir hali vardı. Birkaç kez Mansur'un ona bir şeyler söylemek için döndüğünü gördüm. Dekan kalabalığı susturduğu sırada gördü beni.

"Ne lehimde ne de aleyhimde bir slogan atmaktan sizi men ederim!" Yumuşak huylu bir adamdı dekan. Nedense o gün, hem de kendisini alkışlayan insanlara bu sert sözleri söyledi. Uslu uslu dağılmalarını emrettiği insanlar apışıp kaldılar oldukları yerde. Mansur önündeki kalabalığı aşıp yukarı çıkarken, dekana çıktığı düşüncesiyle olsa gerek, siviller önünü kesti. Geride kalan arkadaşı ise dekan konuşmaya başlar başlamaz gitmişti. Mansur'un sivilleri aşıp dekanın yanına varması uzun sürmedi. Onun yanından geçerken ne olduğunu anlayamadım, ihtiyar profesör geriye dönüp Mansur'a bir şeyler söyleyecek oldu. Ama o Dekan'ın yanına varması uzun sürmedi. Dekan'ın yanından geçerken ne olduğunu anlayamadım, ihtiyar profesör geriye dönüp Mansur'a bir şeyler söyleyecek oldu. Ama o dekanın yüzüne gülüp yukarıya çıkmaya devam etti. Dekanın konuşması artık ihtarlarla doluydu... Ne ihtarları ne de kalabalığı duyuyordum o yanıma geldiğinde.

"Uzun zaman oldu değil mi? Sanırım yarım kalan bir hikâyemiz vardı. İstersen devam ederiz" dedi. "Eğer istersen, açık havada anlatacağım." Hikâye dinlemek istemiyordum. Sadece gözlerine bakmak ve o gün gördüğüm en güzel şeyin gözleri olduğunu söylemek istiyordum. O, Cerrahpaşa'ya yürüyüş yapılacağını, onunla gelip gelemeyeceğimi soruyordu. Bense sağ avcumu açmış içindeki iki karanfil tohumunu ona uzatıyordum. Gözlerine inanamadı. O sırada adımı söyleyince, binlerce kez "Leyla" demesini istedim. Avucumdaki karanfil tohumlarından birini alıp parkasının göğüs cebine koydu. Benim avcumu ise kapatıp, o halde elimi sıktı. Dışarıda, koridorda, içimde, gözümün gördüğü her tarafta bir soğuk vardı ki ciğer dayanmaz. Ama avcumdan tüm bedenime bir sıcaklık yayılırken ikimizin yüzü de kıpkırmızı kesilmişti.

GİDE GİDE

"Hayır evladım! Senin niyetin başka. Gönlünü başka bir yere bağlamış sonra da bize gelip, 'Kadın yüzünden gidiyorum' diyorsun. Yolun açık olsun... Ama şunu bilesin ki siyaset bu ülkede en çok bizim gibilerin başına bela oldu."

Yapayalnızdın. Günah keçisinden farkın olmadığını düşünüyordun. Tarikatına karşı gelmiş, kendini yenememiş, durup dururken sevmeye kalkışmıştın. Kadının ne demek olduğunu öğrenmeden yüreğini kaydırmıştın yeni yetme bir güzele. Hesaplaşacaksan, eğer bu savaştan yüzünün akıyla çıkacaksan bir başına olmalıydın. Ardına ne akıl hocalarını ne tarikatını ne de imanını alacaktın. Hepsinden yüz çevirip, "Şirk bulaştı," dediğin yüreğine baktın. Allah sevgisinin yerini, kul sevgisi alamazdı. Yüreğini o güne kadar sıkı tutmuştun. Kendi çölünde bir İsa olup yüreğinle hesaplaşacaktın. Ne yazık ki güvendiğin tarikat kardeşlerin, ihvanlar seni yanlış anlamışlardı. Onlara göre, eğer sevdikleri bir talebe tarikatı terk ediyorsa, mutlaka başka bir cemaat ya da partinin parmağı vardı bu işte. Partinin öğrenci yurduna geçeceğini öğrendiklerinde seni suçlamışlardı. Sen bir tarikat kaçağıydın. Gemiyi terk ediyordun. Himmetten nasibin olmayacaktı. Sürüden ayrılan sürmeli kuzuydun ve dışarıda ne varsa hepsi kurttan izler taşıyordu. Sürünün mantığı yoktu ve giden kurtulamazdı. Onca zaman, "Giden kurtulur," dediğiniz çatının altından çıkmıştın oysa. Giden neden kurtulurdu? Sürüden ayrılan parçalanmaya ya da "asi" diye yaftalanmaya müstahaktı.

Bir rüzgâra tutulmuştun. Sandın ki bu rüzgâr seni ağacından koparıp atacak. Sen rüzgârdan önce davranıp ağacından koptun. Ağaçların ayakta öldüğünü bilmiyordun, daha küçük bir yapraktın. Başını alıp giden bir yaprak nereye gider onu da bilmiyordun. Üzerinde gezinen tırtıl izler açmıştı bünyende. Yeter ki sendeki hastalık ağaca geçmesindi. Delik deşik olmuş bir yapraktan ağaca musallat olacak çürümenin müsebbibi olmak istemedin. Diğer yapraklara dönüp bir kere bile bakmamıştın. Ağaca ne kadar kurtçuk gönderdiklerini görseydin halin kim bilir nasıl olurdu?

El Salvador'da isyan vardı. Sen çantanı sırtına atar Lübnan'a giderdin. Oysa Beyrut o eski Beyrut değildi. Hayatının tam da göbeğine oturmuştu El Fetih. Cemayellerin bini bir paraydı Ortadoğu'da. Kulağını silah seslerine yaslayıp uyuyordun. Kudüs'te taş atan çocukları görüyordun düşünde. Hayfa Limanı'nda Haçlılar dizim dizim diziliyorlardı. Sen kadının görüntüsüne her takılışında bir intihar komandosu olup Deniz Piyadeleri'nin karargâhına dalıyordun bir Mercedes kamyonla. Patlayıcılar patlamayıcılar oluyordu. Ellerin başının üzerinde bir duvara yaslıyorlar, bacaklarını hayvani bir hırsla açıyorlardı...

Devran dönüyor, sen dönüyor, yurduna geliyordun. Bacakları ayrılan kızlar üzerine çeşitlemeler yapıyordun. Arzu Okay'dan adı Devrim olan, adı Esra olan sayısız kızın copa yüklediği anlamları düşünüyor, Fenerbahçe'den Karacaahmet'e kadar koşuyor, koşuyordun. Yüzün bir mezar taşı kesildiğinde "Kadın da insandır," diyordun. "Erkek insan, çocuk insan, kadın insan ve zor olan insan olmak," diyor, koşuyordun.

Bir puttan daha öteydi oysa kadın.

Hesaplaşmış mıydın? Sen ödeştiğini sanıyordun. Ağaca hastalık bulaştırmadığına inanıyordun. Kendini suçlamıyordun artık. Şeyhini de kadını da o Ahilerin kentinde bırakmıştın. Çölünde vahalar keşfetme zamanıydı. Boşnak ölümlere de Çeçen kavgalara da siyasetin puşt zamanlarına da çok zaman vardı. Vardın, ağlamayı seçtin. Ağlamanın kendi ağacını yeşertecek suyu verdiğine inandın. Yüreğinden gökyüzüne bir merdiven kurmaya kalkıştın. Hayat bir kalkışmaya dönüşmüştü. İnsanlara doğru yürüdükçe yüreğin açılıyordu oysa. İnsanlarla yürüdükçe gönenecekti ağaç. Gökyüzüne bile böyle çıkılacağını düşünüyordun. Bu halle, vardın Konya kapılarına dayandın. Yetmedi Suriye sınırlarına ulaştın. Urfa'dan geçtin. Uzunca zaman Mardin'de durdun.

"Sen gittikçe ardından gelecek olanı unutma. O ki unutmayan senden güçlü, sinsi ve akıllıdır. Sen ona kadın dersin, avutucu dersin, şeytan dersin, hayal dersin, Allah'ın işi dersin... Ama ne olduğunu asla bilemezsin. Sen onu unuttuğunda en yakınındadır. Neden yola çıktığını hatırladığında ise seninle kapışacağı andır. Dua et ve hazır ol ki uyanık olursan onu alt edebilirsin."

Kovulmuş bir peygamber yalnızlığında, kovulmuş şeytan öfkesinde dolaştın Harran'ı. Bir koku vardı kana dair. Onlarca yılın sinmiş kokusuydu genzini yakan, içini bulandıran. Gözünün önünde koskoca ova siliniyor devasa bir sel geliyordu üzerine üzerine. Fırat suyunda akan ne tür bir maiydi, bilemezdin, taşıdıklarına takılmıştı gözlerin...

Kaderin çizilmişti. Hayatın sulta altına alınmıştı. Nasıl doğmuşsan öyle yaşayıp öyle ölecektin. Görmüştün nasibi bol ve bereketli toprakların nasipsizlerinden ve hikâyesi ucuz olanlarından olduğunu. Masallar bölüşülmüştü ve suçun derebeyleri vardı. Suçun sarhoş ettiği doymuş insan hikâyeleri bile pahalıydı senin toprağında.

Gidecek ve bir masal kuracaktın kendine.

İsaf ve Naila'dan uzak, Leyla ve Mecnun'dan azade bir masal kuracaktın. Hatta bir erkek ve dişinin tutkalla yapıştırıldığı tüm zamanların klasiğinden de ayrı bir masal kuracaktın. Bir ucu Mardin'de öteki ucu Saraybosna'da olan bir masalın uçlarını birleştirecektin, İsaf ve Naila'dan, Leyla ve Mecnun'dan kurtulabildiğin kadarıyla. Seni takip eden, senden güçlü, senden akıllı olana karşı denize sığınıyordun. Çöl, senin düşmanının mekânıydı. Kum fırtınaları da susuzluk da seni bir savaşçı kılacak kadar terbiye ediyordu ama karşı duracak mecal bırakmıyordu güneş.

Serin tutmalıydın yüreğini. Denizin tuzunu yarana basacak, suyunu da tependen aşağı dökecektin. Seni uyanık kılacaktı denizin fırtınası.

Denizden de döndün. Sen döndüğünde dünya da dönmüyordu. Hatırladığında üzüldün. O döndüğünde tüm uzuvlarıyla dönerdi. Kâinat belki dönüyordu ama arabesk asla dönmüyordu başka bir yöne. Kente geldiğinde varoşların arabeski başlamıştı ülkende. Serhat türküleri, konçertolar, Hacı Arif Bey kenara çekilmiş, üniversiteliler âşık olmuşlar, askere gidenler düğüne gider gibi gidiyorlardı. Serhat boylarında nöbet tutanların alacağı sevabı devlet ricali vaaz ediyordu. Ekmekler yine küçülmüş, tekel ürünleri her yerde bulunuyor, sokağa çıkma yasağı olmuyor, çocuklara alengirli isimler vuruluyor, uzaklarda yine insanlar vuruluyordu. Kız çocuklarına yine Devrim, Rojin, Esra adları veriliyor, umudunu üzenler umutlarını çocuklarının sırtlarına semer gibi vuruyorlardı.

Bir genç kızın uykusundaydın. Sen bilmiyordun. O uyurken gülümsüyordu. Beş çocuk doğurmuş, kocasıyla uzak bir orman kulübesinde mi yoksa Akdeniz'de bir adada mı olduğunu çıkarmaya çalışıyordu. Olur olmadık bir yerde genç kız rüyasından fırlıyor, yan odadaki rahmetli emniyet müdürünün karısı kızının yanına koşuyordu. İki gündür yataktan çıkmayan kızı, annesi teskin etmeye çalışıyordu. "Gavurun çocuğu" denilen delikanlı gün geçmeden Karacaahmet'teki hasta evine geliyor, yollardan, yolculuklardan, varılmayan İthakalardan bahsediyordu. Genç kız hikâyelerde dokunaklı bir aşkın izlerini ararken delikanlının gözlerine bakıyordu. "Ne arabesk ne devrimci şizofreni!" diyen delikanlı, zaten kaplumbağa gibidir. Sırtlandığı çantasını alır ve gider. Ardından Leyla'nın sesi İsaf ve Naila'ya tapan Arap kızlarının sesine ne kadar da benzemektedir. "Hey yavrum Muleyka! Ne halt etmişsin Medine'nin güzeline?" diye bir hançer saplar yüreğine delikanlı.

Genç kız da delikanlı da aynı hikâyeyi düşünmektedirler; kız yatağında, delikanlı Karacaahmet'ten Harem'e giden yolda:

"Fecr-i Kazip'te dünyaya gelmiş İsaf. Üç gün sonra bir başka fecr-i kazipte de kabilenin başka bir çadırında teyzesinin kızı Naila doğmuş..."

GELİN KINASI: ÇOCUKLUĞUN ACIKLI ÜLKESİ

"Kuşlar bile yuva yapmış / Bir kuş kadar olamadım..."

Bir türkünün hüznüne başımı yaslıyorum... Tüm hesaplaşmalardan, kayıplardan, kazançlardan, didinmelerden bana kalanları kuru bir canın nefes aldığı koca evde koyacak yer bulamıyorum. Gecenin bir vakti Üsküdar'dan Ümraniye'ye kadar yürüyorum. Bir arkadaşım, "Dudakların boş kalmasın," diyor. Durmadan salavat, durmadan tövbe, durmadan dua... Yusuf'un yalnızlığına, Züleyha'nın derdine müptela olmuşçasına kopuyorum dünyadan. Şehir içinde en uzağa giden otobüslere biniyorum. Alnımı otobüs camlarına yaslıyorum, büyüklerimin "Yerdeki, gökteki tüm melekler ağlar, sakın!" demeleri davullar dövüyor kulaklarımda.

Bir yol kurulmuştu, menzil kayboldu...

Bir söz verilmişti, can sözü taşımaya muktedir olamadı...

Bir kadın, bir erkek... Ve bir keder vardı yakalarına dolanan.

Üzgündük. Belki de birbirimizi üzmekten yorulmuştuk.

Kadın, içinden konuşuyor, çıkamıyordu dışarı.

Erkek, içinde boğuluyordu, başını çıkaramıyordu dünyaya.

Gördüklerinden, bildiklerinden, yaşadıklarından yorgun kadınla erkek daha fazla dayanamamışlardı.

"Yuvasız kuşlar gibi kalmışım perakende."

Varsam bir dostun yanına, sussam, o konuşsa, hem de suretime bakıp sîretimi anlasa da konuşsa diyordum, yoktu,

"Bir dost bir post" diyecek ahbap. Var idilerse de gözlerim görmez olmuştu.

Bedri vardı, Bedri'ye varamıyordum.

Cemal vardı, Cemal'in derdi başından aşkındı. Hem de bir bahaneyle konuşmuyorduk işte.

"Kendim ettim kendim buldum," deyip tüm yenilmişliğim ve aczimle, varıp kendime gömüldüm.

Dünya sarsılmaz bir inatla dönüyordu!.. Bir adamın boşanmış, birilerinin ölmüş olmasına hiç de aldırmadan dönüyordu.

İçimde bir göç telaşı, bir temizlik, ayıklama havası vardı. Durup yeniden kurmalıydım kendimi. Her şeye yeniden, her şeye doya doya başlamalıydım. Kalbimi kanatmaktan başka icatlar da bulmalıydım. Hem anamla babamın kadersizliğine düşmeyeyim, daha büyük kederlerle bir evi mezar etmeyeyim diye ayrılmamış mıydım?

"Yazımızı felek yazdı, Mevla'dan değil / Tüm suçlar bendeydi, Leyla'dan değil!" İsa'yı ihbar eden havari bendim ama... Anama ne diyecektim? "Gelin nerede oğlum," diye sorduğunda, "Sizin halinize düşmemek için bitirdik," mi diyecektim? Hem küçük oğlu evlenirken "Büyük boşanmış," sözleri yüreğine inmeyecek miydi?

Varayım, anama gideyim, derdimi açayım, halimi arz edeyim diye Harem'e kaç kere varıp bilet almaktan vazgeçtim. Aslında yürek bağıyla bağlıydım anama. O, az çok neler olduğunu çoktan anlamıştı. Telefonlarda bile doğru dürüst konuşamıyor, hal hatırdan sonra telefonun ahizesini bırakıyorduk yerine.

İlkokuldan sonra az çok ayrılmıştı yollarımız. Beni önce akrabaların yanına, daha sonra da yurda verdiklerinde uzaklaşmaya, bir sürgün gibi yaşamaya başlamıştım. Yurtsuzdum!

Kendi göbeğini kendi kesenlerdendim ve bu hal, her mutlu aile fotoğrafı görmemde canımı yakıyordu. Evim olunca yerim, yurdum, yuvam olacaktı.

Olmadı.

"Gideni, geleni, gelmek için ayak atanı Allah sevsin!" dedim.

"Hesabımız varsa mahşere kalsın!" dedim.

Öğrencilerim vardı, her biri bir ateş parçası değildi ama ana kuzularıydılar onlar da. Yüzüm korkutmasın diye onları, yalanlar söyledim. "Konuya geçelim, hayata geçelim, ileri geçelim, gereksiz bahisleri geçelim," dedim. Gözlerinde "Dur hocam!" diyen vicdan lambaları yanıyordu. Her gün kırmızı ışıklara takıldım.

Anne babasının kavgalarını ayırt ederken birden bire büyüyen çocuklarım, ailesine ihanet eden annesine annelik yapan kızlarım, daha yaşı on dört bile olmadan aşktan, ekmekten, yaşamaktan korkan öğrencilerim önüme dikildiler sıra sıra...

Düğünlerinde halay çekecektim. Ekmeklerini kazandıklarında çaylarını içecektim. Okuttuğum kitaplarla kendilerini bir gül gibi büyütüp, bir çınar kadar güçlü olduklarını görecektim.

İstifamı durdurdular. Tuttum, "Kars'a gideyim," dedim, tayin istedim, tayinimi onaylamadılar. Şehirle mi hesaplaşmalıydım? Kayıp geçmişimle mi boğuşmalıydım? Oturup cenazemde mi ağlamalıydım?

"Benim gitmek istediğim yerden insanlar kaçıyorlar... Verin tayinimi gideyim! Kaçmak diyorsanız kaçmak! Bırakın da kaçayım!" Salmadılar ya ben de en iyi bildiğim şeyi yapacak, yollara düşecektim. Benim gömleğimin yırtığı anamın topraklarında, çocukluğumdaydı...

Turnalar, yaban kazları, yaban ördekleri, sürüsüne bereket cümlesi göçmen kuşları gidiyorlardı varacakları yere. Gökyüzünde bir göç telaşı, havada ayazın derin soluğu... Hüznü koyultmuş, rehaveti kapı aralarından, pencere açıklarından, içeriye dolan bir Ramazan'dı. Oruç mu bizi biz mi orucu tutuyoruz, demeye kalmadan ay bir gebe kadın gibi karnını şişirmişti bile...

Gelin alayları gördüm, konvoylarla getirilen şehit cenazeleri gördüm, çingenelerin o şenlikli dedikleri ama daha çok kavga dövüş giden katar katar at arabalarını gördüm; ellerinde mavzer, kazma, kürek, kalın sopalarla traktörleri, kamyonları doldurup arazi kavgasına giden insanları gördüm... Harmanda, ekinde çalışan insanların yüklerini sırtlanıp dere, bayır demeden keçi yollarından geçerek, art arda tespih taneleri gibi evlerine dönüşlerini seyrettim. Elimi uzatsam dokunacaktım bulutlara, akıp akıp gidiyorlardı bozkıra sürtünürcesine...

Göç yollarının kenarında duran bir çocuktum... Gidenleri seyretmekle geçen bir devri kapatacaktım sanırım. Durup kendi çıkınımı düzdüm! Gitme sırası bendeydi. Çingenelerden, gelin alaylarından, katar katar göçen kuşlardan, ırgat köylülerden öğrendim: Duran kokar, akansa arınırdı.

Bir portakal bahçesi kuracaktım... Ama daha önce anamı görmeli, eksik kalan hikâyeyi tamamlamalıydım.

Bozkırın bağrına doğmuş bir çocuktum ve gönlümü bir portakal bahçesinde avutacaktım. Hem ömür dediğin neydi ki kurdu, kuşu, âdemi anlamadıktan sonra? Zaten anlayamamıştım cümle can verilmiş mahlukatı. Ve ancak bir bahçe kurabilirsem kanabilecektim. Uslanacaktım.

Kapıları zorluyordum, nasip kapılarını... Nasibime beklemek düşmüştü.

Efendim haber salmış!

Efendim!..

Kınından çıkmayan bir bıçak gibi durdun sinemde.

Zaman zaman yoklamadım değil seni. Her dokunuşumda yüreğimi kanırtan keskin bir dokunuşun oldu.

Kınında duran bir hançer, kılıfından çıkmayan bir tabanca, bir bıçak, yüzyıllık sandıkların içinde tülbentlerin, yazmaların, seccadelerin, hacdan gelmiş tespihlerin, basma ve pazenlerin, el emeği göz nuru dantellerin altına sinmiş bir genç kızlık sırrı ne kadar tedirgin ederse yüreği, öylece tedirgin ettin durduğun yerde ruhumu.

Gözümden hiç silinmiyordun, bir öldürme anı kadar keskin, bir kaçış kadar insanın içini boşaltan, bir ayrılık kadar elimi ayağımı kesen...

Senden her kaçtığımda tütüne, mahpusluğuna ve kervanlara sardım canımı. Canım, iki ucu keskin bir Arap hançerinin gölgesinde titrerken, beni avutacak yalanlar arıyordum belki de.

Neşet Ertaş, "Zülüf dökülmüş" derken de, Mahzuni Şerif, "Mapushane içinde minderim kana battı" diye inlerken de varıp varıp dayandım senin bittiğini sandığım, gölgenden eser kalmadığını zannettiğim hudutlara. Her hudutta kan damlaları, her kaçışta kınından çıkmak üzere olan bir hançer öfkesi biçti canımı.

Canımı yakan ne bir türlü tayinimin çıkmaması ne babamdan bana miras yalnızlık ve derbederlik ne anam kadının ıstıraplarıyla bir türlü ferahlığa erememesi ne de bir çocuğumun olmamasıydı...

Bir sazın bağrına tırnaklarını geçirmişçesine ozan inletiyordu kendi bağrı belleyip sazı ve sen bir şavkıma gibi her gözümü alışında "Dünyada, yatacak yerim yok gayrı" diyordum.

Kitapevine uğramayalı yıl olmuştu neredeyse. Ahmet aradı. "Çık ininden de insan içine karış biraz," dedi. Üç beş eski arkadaş gelecekmiş. Simitle iftar ettiğimiz günleri yâd edelim demişler. Vardım. Eski usul, sehpa ortaya çekildi. Üzerine gazete açıldı. Ahmet, Seylan çayını deme bıraktı. Abdurrahim, bir poşet tıka basa dolu Beyazıt'tan taze simit getirdi. Hüseyin, "Kaşarsız olmaz!" deyip çıktı, zeytin, peynir, hurma getirdi. Ben de simitçi eniği gibi kitaplara bakıp, dolanıp duruyordum ki elinde bir bakraç yoğurtla Bedri geldi. Fatih'ten, Siirt pazarından almış yoğurdu. Kitapevine koyun, kuzu, çayır, çimen, dere boyu koşan çingene çocukları, taylar, bıldırcınlar, süt sağan kadınlar doldu birden... Meğer biliyormuş ayrıldığımı. Yarım yamalak sarıldı. O bile yetti! Bir bakraç yoğurdun ferahlığıyla neşelendik. Gözlerimiz ışıladı, yüzümüze kan geldi. Tandır ekmeğinin sıcağının yerini simitler tutuyordu. İçimizde zeytin serinliği, yüzümüzde buram buram susamlı gevrek hem de doyuran kokusu simidin... Bir sofraya bedeldi. Yoğurt sanki Bedri'nin anası, Fadik Bacı'dan gelmiş, bir an ilkokuldaki gibi grupla onlara gitmiştik. Kapıdan çıksam evimizi görecek, 'Ana! Ben geldim... / Hayırsızın...' diye seslenecektim.

Gelecekten değil de daha çok geçmişten, şimdiden konuşuyorduk. Sağ olsunlar benim hâlime dokunmuyorlardı. Fakülteydi, öğretmenlikti, kitaplardı, Bedri'nin işleriydi derken laf, Efendimizden açıldığında -Efendim, bir şeyh değildi ama biz onun değerli bir üstattan el aldığını biliyorduk- Bedri kulağıma eğilip, "Üstat haber saldı. 'Gideceği yola, daha çıkmadıysa deyin de yolundan kalmasın, izlerini temizlesin de gelsin' buyurdu," dediğinde yüreğim yerinden fırlayacak gibi oldu, ağzımdaki lokma boğazıma bir yumruk olup oturdu.

Efendim beni unutmamıştı!

Tatile çok kalmamıştı. Okuldan rapor aldım.

Gömleğimin yırtığını bulup onarmaya, çocukluğumun ülkesine gidecektim...

Bozkırın Atları Yaman Ölür

1

Anamın köyüne gitmiştik. Her zaman gider miydik? Yayan yapıldak düşerdik yollara. Anamın başında yarım bağlı bir yazma, sırtında alelacele geçirdiği açık yeşil, yer yer eprimiş bir pardösü, gözlerinden sicim gibi akan yaşlar... Ne çok bağırırdı... Beddua ederken ayağına tabanı açılmış lastik ayakkabısını geçirmeye çalışır, ayakkabı ayağına her zaman dar geldiğinden arkasına basar, bir elinde bir atkıya sarılı tıkış tıkış bohçası, öbür eliyle de neredeyse beni dirseğimden kavrar, o koşar adım giderken ben sürüklenirdim. O ağladığı için mi yoksa kolumu koparırcasına sıktığından mı ağlardım, hatırlamıyorum.

Fadik Bacı kaç kere demişti anamı böyle yalın yapıldak yollara düşüp giderken gördüğünde: "Gıız! Garip gız! Gara bahtından nereye gaçıyon?!" diye. Fadik Bacı baht dedikçe benim aklıma pembe incili kaftan gelir, o kaftanı giyenin tahta oturacağı, bahtının da ağaracağını düşünürdüm. Pembe incili kaftanın içinde anamın bir tahta oturduğunu ve yüzünün güldüğünü, çünkü babamı dönüp gelemeyeceği bir adaya sürgün ettiğini hayal ederdim... Birden anam kaftanın içinden çıkar, kaybolur, silinir, aslında o kaftanın bir erkeğe, boylu poslu, güçlü, yakışıklı bir erkeğe yakışacağını düşündüğümde kaftan yere yığılır, orada öylece, bir kuzu ölüsü gibi kalakalırdı.

Anamın köyü yürümekle varılacak yer değildi ya yine de ikindiye doğru yola çıktığımızda karanlık çökmeden kan ter içinde varırdık dedemlerin evine.

Kütüphanenin iki anahtarı vardı. Biri Nuri öğretmende, öbürü de bir naylonlu ipe bağlı benim boynumdaydı. İlkokul üçüncü sınıftaydım ve biri kaybolursa hem notlarım düşecek hem de sebebim olup öğretmenin dayağını yiyeceğim seksen tane pırıl pırıl, hem de resimli hikâye kitaplarından sorumluydum. "Bir çoban köpeği gibi," demişti şehirdeki amcamın kızı. Onun beni aşağıladığı hiç aklıma gelmemiş, aslında sürüyü gece yarısı kıraçta yatıran çobanın bir ucunu koçun, öteki ucunu kendi ayağına bağladığı koç bağı gelmişti aklıma.

Ömer Seyfettin, Kemalettin Tuğcu, Samed Behrengi isimlerinin yazılı olduğu kitaplar kitaplıkta kim bilir kaç gün el değmeden kalakalacaklardı? Kitaplığın anahtarı bir muska gibi boynumdaydı ve anam, dedemin evine giderken hâlâ ağlıyordu.

Upuzun bir ovadan ne keklik gibi seke seke, ne bir çay gibi arı duru akarcasına geçmiştik, bata çıka varmıştık anamın daha çok nasihat, daha çok azar, daha çok laf duyacağı köye. Duyduğu sözlerden, çocukluğunun ara sokaklarındaki acıyan bakışlardan, dedemin kendisine sahip çıkmayışından iyice darlanıp "Ben de kendimi dağa taşa vururum," deyip yine o yarım yamalak haliyle düşerdik gerisin geri köyümüzün yoluna. Hakikaten düşerdik! Yürüme değil de sürünmeydi yaptığımız. Anamın nasırlı ayakları koştura koştura geldiğimiz yola pek de küskün olur, geri geri giderdi. Bir at kişnemesiyle anam sızlanmalı bir ağıtla sesini boğar, ben sevinç çığlıkları atardım.

Dedem, babamın babası çok güngörmüş, çok kahır çekmiş, epey darlıktan çıkmış, bol bol dağıtmış, bölüşmüş dağ gibi bir adamdı işte! Kaç bin dönüm tarladan, kaç apartman dairesinden dönüp de ununu ve yemini zor çıkartan tarlası, zekât düşecek kadar koyunu, bir de atıyla, çocukluğumun ve rüyalarımın kahramanı atıyla şükretmeyi bilecek kadar tok gözlü adamdı. Öyle ya, dokuz baş nüfusa bakmak kaç yiğidin harcıydı? Biz ovada kararsız, yolunu yitirmiş bıldırcın yavruları gibi dönerken dedem atının üzerinde görünürdü... Dedemden başka kimsenin binmeye cesaret edemediği Karaca sanki Hz. Ali Efendimizin Düldül'ü olup da bizi gariplikten, bizi naçarlıktan, bizi ortalıkta kalmaktan kurtaran adamı, üzerine pembe incili kaftanı giyse yakışacak dedemi getirirdi...

"İki köyün arasında gidip gelmekmiş kaderim," derdi, anam. Derdi ama başlardı ardından, "Gader gader de bu nasıl gader?.." diye türkü söylemeye. Dedem ovanın ucundan göründüğünde eli ayağı çözülen anam olduğu yere yığılır kalırdı. "Kalk ana! Kalk da gidek... Bak dedem bizi götürmeye geliyi," dediğim zamanı hatırlıyorum da, içimden "Kalk gidelim bu el bize yaramaz," diyen bir çocuk, türküsüyle kalbime bir çizik atıyor. Çocukluğun acıklı ülkesinde fazla durmanın faydasından çok kederi var. İyisi mi ben anamın köyüne vardığımız o yağmurlu bahar akşamına dokunup geçeyim.

Köye gireceğimiz sırada gördüm onu. Köylüler bağırış çağırış inletiyorlardı yazı yabanı. Traktörler, koşuşturmacalar, çocuk çığlıkları, kadınların ağıt sesleri... Sanki köye düşman askerleri girmişti. Benim gözümde Bizans askerlerinin canlandırıldığı filmler canlanmış, gözüm sanki Fatih'in Fedaisi Kara Murat'ı arıyordu...

Köye yarım saatlik uzaklıktaydık. Kolumda ilk saatim, bir güzeldi ki Seiko5! Dedem onu bir seyyar satıcıdan almıştı. Adamın adı Hilmi'ydi. Çok gelmezdi köyümüze. Cuma vardı, Dodge 250 kamyonetinin arkasını kapatmış, içine çoluk çocuk, kadın kız, yaşlı er kişiler ne ister ne ararsa hepsinden doldurmuş, köy köy dolanırdı. Nasıl denk düşürürse her zaman cuma günü gelirdi. Belki de adı Cuma değildi de biz cumaları geldiğinden ona Cuma derdik. Hilmi, ayda bir Cuma'nın yanına, şoför mahalline oturur, dizlerinin üzerine de sünnetçi çantasından az ince, içi saat, kehribar, sedef tesbih ve lüle taşından pipo ve ağızlıklarla dolu çantasını alır, onun üzerine de kel başını açıkta bırakıp kasketini koyardı.

Bozkır iyi sıcak olurdu... Dedem işte o Hilmi'den almıştı siyah kordonlu içi beyaz, Seiko5'i. Bir gözüm anamda, öteki gözüm saatte... Dört saat olmak üzereydi köyden kovulmuş bir it gibi çıkalı. Neredeyse varmıştık anamın köyüne ki bir deli yağmur, yolunu şaşırmış bulutlardan göğü yırtarcasına dökülmeye başladı. Saatim su almazdı ya, ben yine de ıslanmasın diye boynumdaki ipe takıp fanilamdan içeriye soktum. Anam yaptığımı gördü ki: "Vay yavrum vay! Keşke babanda da sendeki aklın tırnağı olsaydı..." deyip ağlamasını daha bir katmerlendirirken iyice koşmaya başladık.

İşte o sıralarda köyün öbür tarafına doğru yıldırımlar düşmeye başladı. Ben yıldırımlardan korkup: "Anaa! Şimşek balkıyı..." deyip anama iyice yapışayım derken, ikimiz birden yer yer gölcükler olmuş, toprağı hamur gibi karıp çamur etmiş olan toprağa devrildik. "Kalk, kalkmayasıca! Ne sizden çektiğim. Babası kocalığı bilmez, oğlu evlatlığı... Ne bu benim başıma ördüğün koca Allah'ım?" deyip ayağa zar zor kalkan anam iki güzel tokat indirip üstümdeki çamuru silkelerken hâlâ yıldırımlar düşüyordu kavaklıklardan tarafa.

Meğer sığır sürüsü kavaklıkların oradaki çayırlıkta otluyormuş. İnekler yağmuru görünce kavaklıklara dalmışlar. Çoban, sürüyü önüme katayım, köye götüreyim diye uğraşırken olan olmuş.

Traktörlerin hepsi, köyden ne kadar araç varsa seferber olmuş. Yağmura çamura aldırmadan meydanda, camide, kahvede ne kadar eli boş adam varsa hepsi toplaşıp römorklara binmişler. Çocuklar römorkların arkasına asılıp sanki düğüne gidiyorlarmış. İşte tam da o giden insanlar geri dönüp de kara haberlerle köye girdikleri sırada varmıştık köye.

Orada burada korkudan tüyleri dikelmiş, gözleri fincan kadar açılmış üç beş inek duvar diplerine sinmiş, sanki kesilmeyi bekliyorlardı. Çocuklar bir römorkun etrafına toplaşmışlar ama üzerine çıkmaya korkuyorlardı. Orada taş kesilmişler römorkun içindeki şeye korku merak karışımı bir çekingenlikle bakıyorlardı. O şey bir kıpırdasa belki oradaki herkes canını oracıkta, bir nefes verir gibi verecekti.

Gözleri açık, kulakları düşmüş, tüyleri dimdik, bacakları bir v harfi gibi açılmış, dudakları sarkmış, dişleri birbirine geçmiş bir ineğe bakıyorlardı... "Yıldırım yemiş"

"Yok yok cin çarpmış!"

"Hadi canım iğnelemişler"

"İçi elektrik doluymuş diyorlar lan!"

"Gözlerinden de ışık çıkıyı ha!"

...

"Yıldırım düştüğü yeri yakar kül eder," demişti öğretmenimiz. Ama madem ineğe yıldırım çarptı, niye yanmamış diye düşünürken ben de ineğe bakarken, bilmeden dişlerimi sımsıkı kilitlediğimin ayırdına ancak dilim kopacak hale geldiğinde, daha doğrusu kendi çığlığımı, "Anam öldüm!" dediğimi duyduğumda vardım. Çocuklar bana gülüyorlardı... Ben ağzımdaki kanı tükürüyordum, anamsa kollarımı kopartırcasına çimdikliyordu. Dilim, kolum kopacaktı ama o gün, dişini kilitlemiş, yıldırım yemiş bir ineğin görüntüsü her dişim kilitlendiğinde aklıma düşecekti...

2

Yazlıkta oturuyorduk... Oralarda evin ön çıkmasına bir sedir, iki yastık, üç de minder atılır, işte oraya yazlık derler. Yaz günleri ebem etek cebinden bir poşet dolusu iri çekirdek çıkartır, onu bitirene kadar uğraşırdık. Çaydı, meyvelerdi, mısır patlağıydı derken ver elini gecenin kör karanlığı olurdu. Daha elektrikler ev önüne çekilmemiş, köylere de idareli veriliyordu. Elimdeki ay çekirdeklerini çitlerken anam dertli dertli anlatıyordu: Kız kardeşim gittikten sonra evin işleri daha bir zorlaşmıştı. Doktora gidecekti ama gitmeye zamanı yoktu. Bu yıl da koyunlara kurt girmişti. Dedem rahmetlinin mezar taşları daha yaptırılmamıştı. Dedem ne güzel kavun dilimlerdi... Cebinden o sarı kemik saplı bıçağını çıkarır, hacdan getirdiği pirinç tepsinin içerisinde, anamın evliğinin tavanındaki baba dediğimiz, hezen de dediğimiz kirişlere asılı sapsarı, yumuşak kadife gibi, dokununca kokusunu veren kavunlardan ikisini getirmesiyle kaşla göz arasında kavunun kabuğundan etini bırakmadan soyar, bir çekirdeğini bile ziyan etmeden kesip dilimleyip en önce küçüğümüze bir dilim yedirir, sonra da tepsiyi önümüze sürerdi... İçimizden bir canavar çocuk, kavun dilimlerine saldır diye bağırsa da, gözlerimiz anamızda usul usul alırdık kavun dilimini elimize. Hapur hupur yemek kimin haddine Çavuş Ali'nin sofrasında kavunu... Öyle mırç mırç yedik mi bilirdik ki anamız da bir kenara çekip kıtır kıtır kemiklerimizi kırar, edepsizler dedi mi de ölür biterdik işte.

Anam anlattıkça anlatıyordu. Dokunmadık tel bırakmıyordu içimde. "Sazım düzen tutmaz gayrı..." demeye başlamıştım kendi kendime. Uzun zamandır dertleşecek adam gibi bir adam bulamamış, sonunda da ipe sapa gelmez oğlu gelip de başını dizine yasladığında içine ne attıysa her birini yazlığa döküp saçmıştı.

Dişlerim, anam ne söylemişti de kilitlenmişti, hatırlamıyorum. Ama onun "Oğlan kurbanın olayım, etme eyleme!.. Aç ağzını, çöz dişlerini! Kurban olduğum Allah! Nedir bu benim çektiğim? Derdim ile tuttum da derdi kendine fazla şu oğlana dert açtım... Oğlum, kurbanın olayım, aç ağzını! O günden beri ağlamayı unuttun, dişini kilitlemeyi belledin. O güne lanet olsun! Gitmez olaydım babamın evine de o lanet şeyi görmez olaydın..." Anamın dediklerini duyuyor, hatta ona "Ana ağlama! Babam da bir gün ölür... Ölmese de çeker gider bir yerde zıbarana kadar durur elbet," diyorum ama sesimi duyuramıyordum ona. Sanki karabasan çökmüştü üzerime. Bir türlü açamıyordum ağzımı. Avucumun içindeki çekirdekler canımı yakıyor ama yumruğumu çözemiyordum.

Kilitlenmiştim.

***

Kilitlendiğimde, bir kadına götürüp enfiye çektiriyorlar, bir mağaraya kapatıp korkutuyorlar, bir hocaya götürüp muska yazdırıyorlar, doktora gidip kas gevşetici alıyordum...

Her biri bir yolunu bulup ağzımı açmışlar ama ağzımdan tek kelime alamamışlardı. Enfiye çektim, karanlık mağarada korkup sessiz çığlıklarımda boğuldum, boynuma muska takıp efsunlu gibi dolaştım, kas gevşetici yutmaktan uyku hastalığına düçar oldum ama her ağlamak istediğimde yine kilitlendim. Paslı bir kilit gibi her açılıp kapandığımda tekliyordum. Adım, ağlamayan oğlana çıkmıştı. Yüreğimde yağmurun izi vardı ama gözyaşımın izini görememiştim.

"Cin girmiş," dediler. "Peri kızı âşık olmuş," dediler. "Kara sevdaya tutulmuş," dediler. "Derdini açsa dağları ağlatır," dediler. "Yasak iş yapmış ki susturur dilini, dişini," dediler. Her yaşıma uygun bir söz mutlaka buluyorlardı. Benden gayrı o kadar ben vardı ki susmasam bir dert, sussam bin dertti.

***

Ovanın koynunda köylerin ışıkları ipil ipil yanıyordu. Dört bir yanı toprak kokusu sarmış, rüzgâr ılgıt ılgıt ekinleri sallıyordu. Tavşanlar kovuklarında kulaklarını başlarına yapıştırmış uyuyorlar, serçeler dam altlarındaki yuvalarına sımsıcak kurulmuşlar, kerkenezler çatı köşelerindeki yuvalarından yıldızlara bakıyorlar, elektrik direklerinden baykuşların sesleri, ürpertmekten çok uyutucu bir tonda evlerin duvarlarına çarpıyor, uzaklarda, kayalıkların arasında bir dişi kurt, koyun sürüsünden gelen kokuyla uykusu arasında gidip gelirken daha iki aylık yavruları sıcak karnına yaslanmış, hırıltılı bir uykuyla göğsüne abanıyorlar, cırcır böcekleri tüm ovanın tek ses hakimi olup yeri göğü bir zırıltıya keserken, derelerden uzun uzun kurbağa vıraklamaları, cırcır böceklerine nazire yapıyor. Kendini tutamayan birkaç yıldız arka arkaya ovanın göğüne çizik atarcasına kayı kayıveriyorlar... Çobanın ayağına koç bağıyla bağlanmış bir koç, yattığı yerden huysuzlanıp kalkıyor az öteye yatıyor. Çoban çocuk, ayağının çekilmesiyle irkilip elini hemen tüfeğine atıyor. Başını çevirip sürüden tarafa baktığında bağladığı koçun geviş getirip rehavetle kendisinden tarafa baktığını görünce "Çok şükür," deyip başını yeniden keçesinin üzerine koyup traktör aldığı günü gördüğü rüyasına kaldığı yerden devam ediyor. Gökyüzü lacivertten bakıra çaldığında bozkırın çimenlerine bir örtü inmişçesine ayazın oğlu nefesini salıyor. Çiğ damlaları çayırlara, ovadaki tek tük yabanarmudu çalılarına üşüşüyorlar. Kovanından kaçmış, bir kuyu kenarındaki şeker dikeni üzerinde oğul vermiş arılar belli belirsiz kıpırdanıyor, bir çocuğun uykusundaki huysuzluğu taklit edercesine ses veriyorlar. Kuyudan sızan su kenarındaki bir sazlıkta göçten erken dönmüş bir yaban ördeği daha yeni tamamladığı yuvasının içine ilk yumurtasını bırakırken ince bir sızıyla ses verip tepedeki kayalıklara sinmiş bıldırcınların uykularına bir kesik atıyor.

Köy, bakır rengindeki göğün altında bir garip mum gibi ipilderken, ana yolda ağır ağır ilerleyen bir araç köye dönen bir viraja doğru kıvrılıp çok gitmeden duruyor.

Dört büklüm oturduğum yerden usul usul kalkarken, anam cin görmüş gibi irkilip geri attı kendini. Ne kadar kilitli kaldım. Kaç kere, "Ana bilmiyor musun, ben konuşamam!

Dişim kilitlenmese bile dilim kilitli ya ana!" dedimse anama duyuramadım.

Dışarıda ayaz tüm ordularını seferber etmiş, bozkırı iliklerine kadar üşütürken anam ağlamasını kesmiş, kesik kesik iç çekiyor, bir yandan da akşamdan yazlığa çıkardığı tabağı çanağı topluyordu. Fadik Bacı'nın arka odasının lambası yandığında kendime gelmiştim. Ben ayağa kalkıp yazlıktan bahçe duvarına varana kadar Fadik Bacı da evinin avlusuna çıkmış sırtında bir atkı, başında eski bir yazma, titreye titreye şehir yoluna bakıyordu. Ağır ağır geri dönüp beni gördüğünde elini kaldırıp yanına varmamı işaret etti. Anam bahçeden çıkıp karşı avlunun duvarından atladığımı görmüş olacak ki sıkıntılı bir sesle: "Oğlan nereye gidiyon?! Delirdin mi sen?!" diye dizlerini dövüp peşime düşmüştü.

Fadik Bacı'nın yanına vardığımda, bana şehir yolunu gösterip: "Git de şu oğlanı getir! Buraya kadar gelip de köye giremedi. Bir sıkıntısı var... İki gündür rüyalarımda ağlayıp duruyor zaten," dediğinde şehir yoluyla köy yolunun birleştiği virajda bir arabanın farlarını köye doğru yakmış, öylece durduğunu gördüm. Bedri'ydi!

Anam beni adımla çağırmazdı. "Oğlan!" derdi, bir şey diyeceği zaman. Efendim mübarek adamdı, Allah ondan razı olsun, o da "Efendi!" diye seslenirdi. Geri kalan kim varsa "lâl" derlerdi. "Dilsiz," "ahraz" diyenler de vardı ama bir tek Bedri adımla seslenirdi bana. Cemal'se ne adımla çağırdı ne de "lal" dedi bana. O hep "gardaş" derdi yiğit bir edayla.

Cemal bizden bir yaş büyüktü. Ama ilkokulun son sınıfındaki o kaza yüzünden bir yıl okula gidememiş, biz de ona yetişmiştik. Cemal, devlet sınavını kazanıp yatılı okula gitti. Bedri dedesinin zoruyla yurda verilip şehirde okumaya gönderildi. Ben de akrabalarımın yanında okumak için uzak şehre gittiğim güne kadar üçümüz birbirimizi bildik, o günden sonra daima birbirimizi bulduk.

3

Güneş tepemizdeydi. Gökyüzünde apak bulutlar saçılmış yünler gibi dağılmıştı. Güneş ısıtmak için değil de aydınlatmak için duruyordu sanki. Okuldaki çocuklar şu saatte öğle tatiline çıkmış, evlerindeki bazlama, peynir, tereyağlı yumurta, yoğurt konulmuş sofralara koşturuyorlar, yazı yabandaki koyun sürüleri de sütlerini bırakmak, sularını içip yemlerini yemek için köye dönüyorlardı.

Üşüyordum. Daha çok da dilimin üşüdüğünü, ağzımda bir buz parçası taşıdığımı zannediyordum.

Sanırım düz ovada oraya buraya savrulan yapraklar gibi rastgele gidiyorduk. Anamın önünden gidiyordum. O da ben ne tarafa gidersem peşimden geliyordu, tavuk cücüğünü güder gibi...

Çok yakınımızdan bir turna sürüsü geçti. Başımı kaldırdım. Elimdeki değnekle saydım, on iki. Anama döndüm "On iki turna var," dedim. Anam bir bana bir uzaklaşan turnalara baktı... Sonra da başını önüne yıkıp "Vay anam! Bu da mı gelecekti başıma?! Havalenin böylesi..." dedi. Varıp eteğinden çekiştirdim. "Ne oldu ana? Ne havalesi?.." dedimse de anam sadece elimi tutup yürümeye başladı.

Anam bir şeyler mi mırıldanıyordu? Yok yok! Bir türkü çığırıyordu usul usul... Düşünür gibi, ağlar gibi, hani ne derler, kanar gibi: "Elimde kaldı gelin kınası / Bilmiyorsun can yarası / Gitme gülüm yok ötesi..." Ötesi köyümüzdü. Ötesinde dedem vardı, ebem vardı, kardeşlerim vardı, Bedri vardı, Cemal vardı, bir kitaplık dolusu hikâye kitabı vardı, anahtarını düşürmüş olsam da...

Anam korkuyordu! Eli yüzü bembeyaz kesilmişti. Tam da dedemin geçen sefer, köyden kaçıp geri dönerken bizi bulduğu yere geldiğimizde kalakalmıştı. Ne bir adım atabiliyor ne bir şey söylüyor ne de geri dönüp köyüne gidebiliyordu. Dönüp yanına vardım. Yüzüne baktım. Ellerini tuttum, buz gibiydiler. Dilimden daha soğuklardı. Çekiştire çekiştire dere yatağına kadar götürdüm anamı. Dereye eğildiğimde anam hâlâ put gibi duruyordu. Avuç avuç sular serptim yüzüne... Yazması, entarisi yağmurda kalmışçasına sırılsıklam olmuştu. Eğilip bükülmekten ben yorulmuştum ama anam dikilmekten yorulmamıştı. Dizlerimin üzerine çöküp eteğine yapıştım. "Kurban olayım ana konuş! Hadi bir sefer oğlum de!" Derenin o cılız şırıltısından başka bir ses duyulmuyordu... Kendi sesimi bile duyamıyordum!

Gözlerim iyice açılmış, yüzüm bembeyaz kesilmiş, tüm bedenimi ayaz kesmişti sanki. Titredim, bağırdım, kaç kere "Ana!" dedimse duyamadım sesimi.

Anamın köyünde mi konuşamıyordum?

Akşam apar topar beni bir yatağa yatırmışlardı. Ecim*le anam ağlaşıyorlardı. Dedem bir hışımdı herhalde. Dayılarım evdeler miydi? Büyük dayımın kızları üzerime yorgan üstüne yorgan atarken konuşuyorlar mı yoksa dua mı ediyorlardı? Hem daha dün buralar çamur deryası değil miydi? Yoksa biz köyde bir günden daha mı fazla kalmıştık? Dedem anama ne kötü laflar söylemişti... Yoksa hepsini rüyamda mı görmüştüm? Dedemin üzerine yürüyor, yürüyor varamıyordum yanına. Evdeki sakallı adamı ilk kez görüyordum. Dedemin arkadaşı herhalde diye düşünüyordum ama kimseye soramıyordum durmadan mırıl mırıl bir şeyler okuyan adamı. O okudukça yüzüme misk gibi, tütün kolonyası gibi kokular ge-

* Anneanne

liyordu. Ağzından çıkan tek bir sözcüğü yakalayabilmiştim sanırım; havale. Anam da "havale" demişti.

Bebekler havale geçirirlerdi. Daha sonra da ya delirir ya ölür ya da akılları eksik olurlarmış. Bedri söylemişti herhalde. Havale nasıl geçirilir, bilmiyordum. Ölüm korkusuyla, yanımda upuzun yatan anama iyice sokuldum.

"Can yarası" dedikleri bu olsa gerekti. Sabahtan beri anamın ağzından düşmeyen Gelin Kınası geldi dilime. Dilime dil olup da ses veremedi.

Her bohçasını toplayıp kaçışımızda hikâyeler anlatırdı anam yolda, belde, düzde. Bu sefer anlatmamıştı. Hikâye anlatmasını o kadar istiyordum ki... Canım yanıyor, dilim buz gibi, ağzıma batıyor, aklımsa bir hikâyenin içinde kaybolmak istiyordu. Bir ovanın tam ortasında, küçük bir derenin kenarında, gidecek ya da kalacak yeri olmayan iki garip çingene olup karaçalılar gibi çakılıp kalmıştık. Derenin yukarı tarafında yaşlı bir yabanarmudu vardı. Başımı kaldırıp o tarafa baktığımda iki alakarganın çalının üzerinde dönendiklerini gördüm. Yekinip uzandığım yerden kalktım. Uzun zaman olmuştu karga yuvasına bakmayalı, acı bir armut yemeyeli. İhtiyar ağacın diri taraflarında çiçekler açmış, bir kısmı yağmurda yerlere serilmişti. O ekşi, kekremsi, saman gibi armutlara daha çok zaman vardı. Ama yuvada üç tane açık yeşil renkli yumurta vardı! Çöle kesmiş bozkırda üç karga yumurtası elmas gibi parlıyordu... Anam ardımdan sesleniyordu. "Oğlan, oğlaan! Daldan düşersin... Derdin yetmiyo gibi bir dert daha açma!" diyordu. Ona doğru dönüp baktığımı görünce ağzını iki eliyle birden kapadı. Onu duymayacağımı zannediyordu sanırım. Sesini duyabildiğime sevinmiş olacak ki koştura koştura dalın altına geldi. "Gel kurban olduğum, in aşağıya. Beni duyuyon mu? Dediklerimi anlıyon mu?" dediğinde, başımı salladım. Kadıncağız sevinçten dalın etrafında dönmeye başladı. Sanki beni kaybetmiş de yeniden bulmuşçasına, ovanın düzünde altın bulmuş gibi seviniyor, dualar ediyordu. Elimdeki yumurtalar hâlâ sıcaktı. Kargalar dala konamıyorlar, uzağa da gidemiyorlar, dalın üzerinde dönenip acı acı gaklıyorlardı...

"Hadi yavrum, hadi canım, hadi kuzum!.. Bırak o gariplerin yumurtalarını da in aşağıya. Yazıktır, yuva bozmak günahtır... Gel sana mesel anlatayım ha?" dediğinde anam, elimden yüreğime doğru sıcak bir su gibi akan yumurtaları kırarım korkusuyla usulca yuvalarına bıraktım.

Derenin kaynağı kayalıklardaydı. Kayalıklar yaban armudundan yarım saat gidimlik yolda, tepenin üzerindeydi. O kayalara Ermeni Mezarlığı diyenler de vardı. Orada adam boyu ot biter, gece kolay kolay oraya kimse giremezdi. Birkaç incir ağacı, yedi sekiz kavak -hayrına dikmişler herhalde- bir de gövdesi adam beli kalınlığında dut ağacı vardı kayaların arasında. Almancılar, şehirliler köye geldiklerinde piknik yapmaya buraya gelirler, yaşlılar da: "Yazık, günah! Orası mezarlıktır, orada keyif edilmez," deseler de piknikçiler onlara aldırmaz, biz de onların peşlerine takılır, analarımızın verdiği bükümlerle onların uzağına yaygı serer, arabalarının teypleriyle oyunlar oynayan, şımarık şımarık konuşan şehirli çocukları seyreder, bükümlerimizdeki kaynamış yumurtalardan, domateslerden, hıyarlardan utanır, bükümleri yaygıları toplar, daha aşağılara iner, derenin geniş ağızlarındaki birikinti sularda çimerdik.

Daldan aşağıya indiğimde anam beni gurbetten dönmüşüm gibi kucakladı, bebekmişim gibi sarmaladı. İş görmekten nasırlaşmış elleri sırtımı acıtıyordu ama "ıh" bile demeden doya doya onu kokladım. Sanki korkusu vücudundan akıp gidiyordu. Cılız bedenimle korkusunu emdim, yuttum, gözleri ışıl ışıl anam oluncaya kadar içine sinen korkunun kokusunu aldım.

Yaban armudunun yanına çömelip beline doladığı bir çıkının düğümlerini açtı, içinde kaynamış yumurta, domates, hıyar, bazlama vardı. Günlerdir yemek yememiş gibi çıkının içindekilere yumulduk. Tıka basa yedik, doyduk, elhamdülillah. Anam çıkını sararken: "Doydun mu yavrum?" deyince, "Çok şükür!" dedim ama o an göz göze geldik. Konuşamadığımı unutmuştum! Usulca başımı sallayınca anamın yüzünden sanki karga sürüleri geçti. Derin bir iç çektikten sonra elini eteğinin altına atıp, küçük heybe kadar olan etek cebinden kıpkırmızı, kokusuna başak kokusu karışmış iki elma çıkarttı!

Ecim elma, armut, ayva ne bulursa varillerin içindeki yemlik buğdayların içine gömermiş. Anam daha bir çocukken teyzemle oradan kaçırdığı, ecim yakaladığında saçını başını yolmasına sebep elmaları öyle bir anlatırdı ki her anlatmasında ağzımın içi su dolardı.

Elmanın küçüğünü kendi aldı. Büyüğünü bana uzattı. Ancak iki elimle kavradığım elmayı aldıktan sonra başımı kayalıklardan yana döndürdüm... Anam bildim bileli mezarlıklardan korkardı. Ama o gün korkusuna oğlu için bir kelepçe atıp, elmaları dal altında yedikten sonra yaşlı dut ağacının altına, kayalıklara gittik. O, sırtını dut ağacına yaslayıp bacaklarını uzattı. Ben de başımı dizinin üzerine koyup Gelin Kınası'nı dinledim:

"Akıl akla gele... Göz göze baka... Dağ taş cümlesi dile gele. Meselimiz masalmış. Karası kara koyun, akı ak koyun, yoğurdu mayası baldan, nasibi haktan, sözü dua olan, selamı kelam, kelamı selam olan, yörük yaylası çimenli, çimeninde kınalı kuzu gezinen aşiretin büyüklerinin uğurlu ağızlarından, söz benim sözüm değil atamın sözü, el benim değil

Hatice anamın eli... Sözü şifa, şifası hayır olan, dervişinden, evliyasından hatta bile eşkıyasından cümlesinin nasibine... Adı nurlu kuzum, anlattığım kulağına küpe ola!.."

Namlı eşkıya Çöllo varmış bir zamanlar buralarda. Onun dördüncü karısı Ferik'ten öğrenmişti anam da mesele girizgah etmeyi. Çöllo'yu da hikâyet etmişti ya sırası değil şimdi. Başını dizine, gözümü gözüne, kulağımı gönlüne yaslamıştım anamın...

"Ovanın düzü, dağın geçitlisi yokmuş o zamanlar...

Denizi bilmeyen, dağı görmeyen, çölün kokusunu duymayan, rüzgârdan yana nasipli, mahsulden yana nasipsiz insanlar yaşarmış Kıraç Han'da... Töreleri de cezaları da kendileri koyarlar, kendileri kaldıramazlarmış. Atadan dededen ne görmüşlerse onu bilmişler, ne almışlarsa onu yemiş onu içmişler. Akıl almaya gidecek ululları kalmadı mı da açarlarmış bir kutlu kitabı okurlar, onunla işlerini görürlermiş.

Senede iki sefer jandarma, dört sefer de tahsildar dedikleri haraççı gelirmiş Kıraç Han'ın etrafındaki köylere. Başkaca ne arayanları ne soranları varmış..."

Durdu anam. Söylediği son söz onun kaderiymişçesine sustu. Ne arayanı ne soranı vardı. "Var git işine!" diyordu babası. "Sana bu kapıda ekmek yok gayrı!" Odunu hangi ocağa, hangi ateşe fırlatılmıştı? Vardığı ocakta ateşin sıcaklığından başka yakıcılığını görmemiş miydi?

Anlattı garipliğiyle anam:

"İşte o topraklarda bir düğün kurulmuş oğlum. Atlar kişnemiş, silahlar patlamış, kadınlar zılgıt, erkekler hey hey çekmişler. Gelinin anası eşikte oturup başını iki elinin içine alıp kınalı kuzusu uçarken, uğunmuş da uğunmuş. Kız babası atına binip gelinin atının yanında yola düştüğünde kızın ağabeyleri, tarlada tapanda iş kaldı diye varıp gitmişler işlerinin başına. Başlarını yiyesi işleri bir gün daha durmazmış gibi...

Koskoca Kıraç Han yöresinde tek düz yol değirmen yoluymuş ki onu da tüm köylerin tam ortasına kurmuşlar, at sırtında öğlen çıksan gün batımında varırmışsın. Öğlene doğru yola çıkmışlar.

Ağır ağır ilerliyorlarmış kağnıların tekerlek izlerini takip ederek.

Ne de güzel gidiyorlarmış.

Çoluk çocuğuyla, koyunu kuzusuyla, tavuğu cücüğüyle, kadını kızıyla, tavası kazanıyla sanırsın ki bir aşiret yaylaya gidiyormuş.

Gelin alayının, at arabalarına yüklenmiş çeyiz sandıkları, yorganlar, döşekler, dolaplar, araba sallandıkça şavkıması bir görünüp kaybolan sedef çerçeveli ayna, kilim desenli örme çuvallar, el emeği göz nuru kırmızı kırmızı tezgah halıları, bir arabanın üzerindeyse sanki ellerini beline koymuş ihtiyar bir yörük kadını gibi duran halı tezgahı varmış."

Anamın da bir halı tezgahı vardı. Kendimi bildim bileli yalnızca böyle zamanlarda, küsüp de köyüne gidip döndükten sonra hiçbir işe elini sürmez belki üç gün, belki beş gün durmadan yolluk dokurdu tezgahta. Tüm gariplikleri, yüreğine korku salan, belini büken ne varsa yolluklara dokurcasına tezgahtan çıkan yollukların deseni karmakarışıktı.

"Oğul vermiş arılar gibi birbirlerini takip ediyormuş atlılar.

Piştovlar susmuş, Karadağ tüfeklerin barutu ovayı kaplamış.

Çimenlere değen atların nalları tırpan gibi biçip kesip geçiyorlarmış bayırın bağrını...

Kuşlar kaçmış, tilkiler kaya kovuklarına sinmiş, tavşanlar yeni yeni sararan ekinlere sığınmış, kurtlar tepelerin yamaçlarına çekilip tedirgin kulaklarını dikmiş, gelin alaylarını izliyorlarmış uzaktan.

Bir çeşme başında konaklamışlar. Gelinin babası atından inmiş. Çeşme başına varıp bir çimenliğe postunu sermiş. Oturup kurulmuş. Tabakasından tütün çıkarıp sarmış. Bir yanına damadını, öbür yanına kızını oturtmuş. Çalgıcılarla zennelere seslenip: "Yorgunluğunuzu atın da iki dönenin ha ağalar şu ovanın düzünde. Âleme bir neşe katsın çalgılarınızın sesi!" dediğinde ovanın düzünde düğün dernek bir daha kurulmuş. Ne vakte kadar çalıp söylemişler, yemiş içmişler bilen yok..."

Anam bu hikâyeyi kaç kere anlattı? Hatırlamıyorum. Ama hatırladığım şu ki çeşme başındaki düğün dernekten sonrası bütün hikâyelerde farklıydı. Ya eşkıyalar düğün alayını basar ya tarlaya gitti sandığımız gelinin ağabeyleri damadın önünü kesip süt hakkı isterler ya da jandarmalar gelip "Damadı harbe götüreceğiz," diye diretirler, oradakilerin yüreğine kızgın sular, gelinin gönlüne kor ateş bırakırlar ki aslında onlar da düğün alayıyla alay etmek istediklerinden birer paket sigara alıp yollarına giderlerdi. Gelin Kınası türküsü ne kadar acıklıysa, anamın anlattığı hikâye de onun aksine her daim mutlu sonla biterdi. Bir gün doğrusunu anlatacağı için dinlediğim hikâyeyi bir daha, bir daha dinlerdim bıkmadan.

"Vakit erişip ikindi vakti girdiğinde kocalar, yaşlılar namaz kılıp dua ettikten sonra eski değirmeni geçmişler. Ulu bir dağ gibi dikilen kayalıkların üzerine ulu bir pir gibi dikilen meşe ağacına uğradıktan sonradır ki yolculukları sona erecekmiş...

Gel gör ki kahpe felek kayalıklarda bağlamış gelinle güveyin kaderini.

Bahar devrilip yaza varmış. Yaz günü sıcağında bıldırcınlar, keklikler cümle kuşlar gagalarını açıp açıp kapıyorlarmış. Bir tilki bir yaralı ördeğin teleklerini bırakmış kaya dibine. Bir atmaca bir güvercini kovalaya kovalaya kalbini çatlatmış. Güvercini atmacadan bir şahin, şahinin pençesinden üç kerkenez, kerkenezlerin arasından bir kara kartal alıp da güvercini kayalıklara fırlattığında, güvercin ölmemiş de mahsustan gözlerini yummuşmuş, tam kayalıklara gülle gibi düşerken kanatlarını açıp pırr diye uçup kaybolmuş!"

Anama hikâyeden darlık geldi mi böyle yapardı. Nedense tam da düğün alayının başına geleni anlatacağı zaman, fikrimi uçurup kaçırırcasına çevirirdi hikâyeyi. Belki de kendi yarım, ortada kalmış hikâyesi kafasına dank eder, gözleri yerinde durmaz, yüzünü al basar, elleri titremeye başlardı. "İki dağın arasında kalmışam / Ne gün görmüş ne murada ermişem..." Bir genç kız sesine çalardı türküsü.

Köyüne gitmeyecekti. Gidemezdi. Babasından duydukları...

Köyümüze gidemiyordu. Halı tezgahıyla oğullarından gayrı gelinliğini de gömmüştü oraya!

"Okuldan çıktıydım. Üzerime pespembe bir fistanı kefen gibi giydirdilerdi." Yok, bunu söyleyen anam değildi... Belki de oydu. Ama o: "Bir yüzlük altına sattılar yavrum!" demişti. Bir de "Kahpe felek," derdi çokça. Dedem çok söylemişti: "Öyle deme yavrum! Yazılan gelir başa. Allah'ın gücüne gidecek laf söylersen iki dünyada da onmazsın."

"Gelinle güveyin kaderi bağlanmış!" dercesine bakıyordum anamın yüzüne. Daha fazla üstelemedi. Hikâyeyi bitirecekti. Dilsiz oğlunun hatırına bitirecekti. Her hikâye sonunda gözlerine kuşlar dolan anamın gözünde kara kara çalılar vardı sanki. Karanlığa bakar gibi gözlerini kısıp:

"Damat atından inip kayalığı tırmanacak, cebindeki ak mendili tek eliyle tepedeki meşe ağacına bağlayacakmış. Çabucak bağlarsa evladı erkence, geç bağlarsa evladı çok geç olurmuş. Bağlamaz da öylece inerse aşağıya, çok geçmeden boşanırmış. Hem bağlamaz hem de "Sıkıca bağladım," diye yalan söylerse hanesinden çok geçmeden ölü çıkarmış.

Sözü söze bağladık, günü güne kattık, cana can katıp nefesi nefessiz kıldık, bir anlık zamanı koskoca güne verdik, elimizde buğday vardı kuşa verdik, gönlümüzde sevda vardı yâre verdik, dilimizde hikâye vardı oğulcuğa verdik. Gele gele geldik bir damatla kayalıklara, bir gelinle gurbete vardık, gurbette bizi kim bekler? Hacısı, hocası, kocası, kızanı... Daha yetmez kurdu, kuşu, davarı, kuzusu..."

Bizi bekleyen var mıydı? Anam bu soruyu evirip çeviriyor hikâyeyi bir türlü sonuna kavuşturamıyordu. Bedri vardı, Yunus vardı, Lütfü vardı... Dahası dedem vardı, ebem vardı, kızıl tayımız vardı. Okul kitaplığında kitaplar, onların içinde elimi yüzüne sürdüğüm ama daha kapağını açmadığım "Kaşağı" vardı. Öğretmen, "Bu en güzeli," demişti. En güzelini en sonunda okuyacaktım. Onlar beni bekliyordu. Birden elimin birini yumruk edip ötekinin avcuna vuruyor daha sonra da havaya bir çizgi çekiyordum. Ayaklarımı da ileri geri oynatınca anam halı tezgahını tarif ettiğimi anlamış olacak ki yüzümü "şap" diye öptü. "He ya oğlum! Halı tezgahım var kahırdan ilmekler atan ömrüme," deyip kaldığı yerden bir of çekip devam etti:

"Ulu bir kasrın duvarları gibi, bir surun aşılmaz duvarları gibi damadın önüne dikelmiş kayalıklar. Damat, çocukken gözüne dağ gibi görünen kayaları çok aşmış, ara yolları bilirmiş. Bilirmiş ya o gün hangi yola ayak attıysa bir adım ötesine geçememiş. Tüm bildiği yollara, parçalanan kayalar kopup gelmiş damadın yolunu kesmiş. O da dayanamayıp tırmanmaya başlamış bir kertenkele gibi. Tepeye varana kadar davul dövmüş, zurna üflemiş çalgıcılar. Mermisi kalanlar kurşun üstüne kurşun yakmışlar. Gözü pek nişancılar damadın ayağının tam dibine ateş edip hızlandırmışlar tırmananı, eli ayağı kan revan içinde, gömleği aktan ala çalan damadı.

Ovanın düzünde bir höyük gibi, bir ulu kasır gibi dikilen tepenin ucuna varıp, meşe ağacına yaslandığında tepesindeki uğultuyu yorgunluktan başının çatladığına vermiş. Elini attığında yetişeceği bir dal aramış. Kayalıkların arka yüzüne doğru bir dal uzanıyormuş meşeden... Kayanın üzerine çıktığında başı hizasındaki dala dermansız eliyle mendilini dolamaya başlamış...

Bir turna sürüsü geçmiş...

Uzaklardan bir sürünün koçunun boynundaki zil sesi inceden inceye çalınmış kulaklara...

Tarlaların en yakınındaki bir deste sapın altından başını çıkartan bir bıldırcın kesik kesik ötmüş.

Damadın bir eli ağaçta, kulağı ağaçtan gelen uğultudayken birden gözüne bir şavkıma vurmuş... Çeyizlerin arasındaki aynanın şavkı gözünü kamaştırıp elini gözüne siper ederken tepenin arka yanından bir ses geldiğini duyup o yana baktığında ayağı kaymış! Meşenin ince dalından kavramasaymış kayalıktan aşağı düşecekmiş. Toparlanıp düze çıkayım derken uğultunun dört bir yanını sardığını, vücuduna iğneler batırdığını, her iğnenin ucunda zehir gibi vücudunu yakan bir acının içine salındığını hissetmiş...

Tepenin alt yanından bir atlı, atını şaha kaldırıp kayalıklara süren bir atlı, atında kanatları olan bir atlı, atlının kucağında bir kundak, kundağın içinde bir bebek... Kanatlı atlı uçarcasına tırmanmış kayalığı. Varıp da tam damadın yanında duracakken atlı, kucağındaki kundağı damadın önüne doğru fırlatmış! Damat, düşen kundağı yakalamak için ileriye atılınca..."

Bir atlı geliyordu! Bizim köyün tarafından bize doğru bir atlı geliyordu. Atı rüzgâr kanatlı değildi ama dörtnala bize doğru gelen atamdı, dedemdi...

Cıncık gibi gözleri vardı dedemin. Bir sefer ağladığını görmüştüm. Hacdan geldiğindeydi... Kâbe desenli ne çok seccade getirmişlerdi... Üzerinde dağ resimlerinin ortasında yine Kâbe'nin olduğu eşarplar, gümüş sürahiler, hurmalar, üç dört güğüm su! Ta hacdan zemzem getirmişler, ebem onları kocaman sandığına kilitlemişti. Şişe şişe zemzem vardı sandıkta! Babam, içki sanıp o şişelerden birini başına dikmiş, su olduğunu anlayınca da evliğin duvarına çarpıp kırmış şişeyi. "Ah melun ah! Onu kıracağına kafamı kıraydın!.." demiş, cam parçalarını toplarken gözleri cıncık cıncık olmuş, gözünden akan yaşlar evliğin tabanındaki zemzeme karışmıştı.

Ak sakalı, devrilmeyen heybeti, gök gözleriyle Çavuş Ali yanımıza gelip kızıl tayın anası, Karaca'nın gemine asıldığında uzun uzun baktı bize. Kaç zaman durdu öylece karşımızda, bilemiyorum. "O melun ben ölmeden eve giremez kızım! Gelin de yurdunuza, yuvanıza sahip çıkın," derken dedemin gözleri ıslanmış, cıncık gibi parlıyordu.

4

Bir acı yel esti.

Yanı başımızdaki dut ağacının dalları bile titredi.

Bir dedem, bir de Karaca titremedi.

"Zulmün beylerini gördük yavrum," derdi dedem. Zulmün beyleri gaz lambasıyla aydınlanan odalarımıza giremez, soğuk kış gecelerinde avluda tir tir titrerlerdi. Onlar kapılara vardıklarında devler gibi boy atarlar, çocukların rüyalarında kan kustururlar analara, ama dedem varken zulmün beyleri bir söz olur, bir kaç damla su olup yanan sobamızın üzerinde cızırdayıp yok olurlardı.

Bir düğün mü yoksa bir cenaze mi vardı, hatırlamıyorum. Bizim mabeyn dediğimiz salon dolup taşmıştı. Dedemin çok yareni vardı. Kürt, Alevi, hükümet adamı, beyi, ağası... Dedemin Dulkadir beylerinin hatırı sayılırlarından olduğunu çok zaman sonra anlayacaktım. Kıştı, kıyametti. Daha televizyon girmemişti köyümüze. Üç beş evde radyo vardı. Ajans saatlerinde radyodan nasihat dinler gibi önüne oturup kulağını ışıklı radyoların kimi kumaşla kimi tüyle kaplı hoparlörüne dayayan erkekler vardı.

Kardeşi savcı olan Çiçekdağlı Ağa, hısımımız da olan o hükümet adamı, kelli felli nice ihtiyar adam vardı salonda. Ağabeyim çay dolaştırıyor, ben de arakasından pıtır pıtır varıp şeker tutuyordum. Kıbrıs'tan, Kore'den, toprak dağıtımından, tapudan konuşuyorlardı. Bir kadın sesi duman altı olmuş odada "Ben obamdan gelin geldim / Geri döner kız giderim" diye bir türkü tutturunca, koca koca adamların kimilerinin bıyıkları, yüzleri yere düştü kiminin gözleri ışıladı, kimi de derin derin iç geçirdi. Çiçekdağlı Ağa'nın uşakları radyoyu kapatmaya yeltenince, Ağa, "Durun hele koçlar! Söylesin..." diye buyurdu. Gençler boyun kırıp oturdukları yerde kar gibi eridiler. Ağa'nın gözleri kar gibiydi. Sanki olduğu yerde kaynar gibi terliyordu...

Çiçekdağlı Ağa senede bir mutlaka gelirdi bize. Her gelmesinde yanında mavzerleriyle dimdik duran adamları olurdu. Dedem de ya bir koç ya bir kısır devirir, ebem söylendikçe, "Beylik vermekle olur kadın!" derdi.

O adam, ölse, kesseler ağlamaz bir bakışla bakıyordu dünyaya. Ona ağlamayı yakıştıramıyordum. O gece bir beyin, bir ağanın, onca erkek arasında bir çocuk gibi ağladığını gördüğümde sanki bir kahramanım gözlerimin önünde ölüyordu... Onca süngü düşmüş, onca görkem bir köy odasında post gibi yerlere serilmişti.

Kaç zaman ağladı için için?.. Kaç zaman bir şey sormaya çekindi koca koca adamlar?.. Oturup bir adamın iç çekişi olup put gibi kalakaldılar. Kadının sesi gidip de, "TRT Ankara Radyosu'nun hazırladığı haberleri dinliyorsunuz," diyen bir erkek sesi odaya dümdüz daldı. Odaya atılmış ölü toprağını atmak için yekinenler olduysa da herkesin gözü Ağa'ya çevriliyordu. Ağa daha fazla durmadı. "O türküyü söyleyen, bizim Ankaralara gelin gitmiş küçük bacımızdır. Yedi yıl oldu ki bir haber alamadık. Düğününden sonra kocası ince hastalıktan ölünce getirmek diledik. O bize ayak diredi. Gelmedi ata ocağına. Kaldı gurbet illerde. Bir oğlu olduydu. Gelmedi. Gelmedi de gitti, aha şunun gibilerin kucağında türkü söyledi!" Odayı sanki silahla taradılar. Tüm yüzlerde utanç, tüm ağalarda gerilmiş bir kartal heybeti... Büyük oda "Emmi" dedikleri Ağa'nın sözleriyle küçüldü, daraldı. Korktum. Oracıkta, elimdeki şeker kasesiyle yıkıldım yıkılacaktım. Dedeme bakıyordum, beni kucaklayıp kuyumuza götürsün, oradan bir kova su çekip yüzümü yıkasın diye...

Lafı yiyen o hükümet adamı, "Müdür" dedikleri, gözlüklü, şişman, gümbür gümbür konuşan adamın sesi incelmiş, ufalmış, dağılmış, odaya bir cam kırığı gibi dağılmıştı. "Emmi! Kurban olduğum Emmi! Bacımızı alalım, getirelim, sana teslim edelim diye kaç can, kaç kurşun yaktık," diyemedim. "Madem inanmazsın al bu inandırsın seni!" Tam önüme simsiyah bir tabanca düşmüştü. Sanki beni ilk kez görmüş gibi babam gelip koltukaltımdan kaptığı gibi dışarıya fırladık.

Dedemin yarenleri, zulmün beylerine kafa tutan üç beş yiğit kapanan kapının ardında dertleriyle dağlanıyorlardı.

Onları, onların soyundan gelenleri, onlara özenenleri her cenazede, her düğünde, bir mangalın ya da kesilmiş bir koç etiyle doldurulmuş pirinç sinilerin etrafında görecektim ama Emmi'yi babamın hapisten çıkarıldığı güne kadar göremeyecek, Müdür'ü de ancak televizyonlarda görebilecektim...

***

Anamın köyüne gittiğimiz gün, "Gelin gene kaçtı!" diyen ağızlar susmamış. Yağmur başlamadan anamın baba evine kaçtığı tüm aşiret de dillenmiş. Bir babam, bir de dedem oralı değilmiş. Ağabeyim yine bana haset etmiş, "Yine köye o gitti," diye hayıflanmış. Küçüğüm "Anamı istiyom, anama götürün beni," diye ağlamış, sızlanmış. Ebem, "Kahır damının bacası yok ki... Elin kızı gene dayanamadı hayırsıza," demiş.

Dedem, "Nasıl olsa dönüp dolaşıp geleceği yer çoluk çocuğunun, halı tezgahının yanı," deyip çıkmış camiye gitmiş. Ne de olsa zulmün beylerini görmüş, iyi günleri de kötü günleri de kader bellemiş, varlıktan yokluğa, yokluktan çokluğa geçmiş, gün gelmiş "Bu da geçer Ya Hu" demeyi bellemiş işte. İşte de... Dilin kemiği yok ki kırıp atasın! Ağız torba değil ki bağlayıp koyasın. Namazdan önce varıp oturmuş camide, her zamanki yerine; minberin yanına oturup, imamın okuduğu aşr-ı şerifi dinlerken duymuş duyacağını. Kendini bilmezin biri camide içeri girerken, "Çavuş'un hayırsızı, gelinine denk değil!" demesiyle dedemin atmaca gibi cam kırığı gözlerini görmüş. Görmüş ama ağzını kapasa ne çare. Dedem elini beline atıp, "Caminin dışında olsaydın, ölü anam avradım olsun ki, o ağzına şunun içindeki kurşunları doldururdum!" demiş.

Genç imam tedirgin, cemaat sanki saf tutmuyor da rüzgâr yemiş ağaç gibi sallanıyor, yalnız dedem minbere yaslanmış duruyormuş. Öyle ya kaç adam yaralamış, kaç kan davasını halletmiş, kaç hayırsızı yerinden yurdundan etmiş, her mahkemeye gittiğinde de selam verip geri gelmiş Çavuş, yaşlansa da Çavuştu işte.

Adam, öbür günün öğlenine kadar camiden çıkamamış. Çıktığında ise apar topar şehirdeki akrabalarının yanına kaçırılmış.

O akşam dedem kendi kendine yemin etmiş. "Bir daha bu hayırsız, geline dirlik vermezse kan çıkarırım," diye. Ağabeyim dediydi. Akşam dedem camiden dönünce, yıllar önce Müdür'ün odanın ortasına attığı tabancayı babamın önüne atıp "Ya ben ölürüm, ya sen ölürsün! Ya kocalığını yap ya da çık hanemden!" deyince babam, odasına kapanmış. Öbür günün öğleninde çıkmış odadan. Elinde bir valiz varmış. Dedemin elini öpmemiş. Ebeme varıp, "Ana! Hakkını helal et!" deyip ebemin elini öpmek isteyince, ebem elini vermek istememiş. Kocasına, oğluna vermiş veriştirmiş. Elinde valiziyle köy yoluna düşen babamın peşine düşmüş. Ne çare! Kopan kopmuş, giden gitmiş...

Üç ay geçti geçmedi babam para gönderdi. Arabistan'daymış.

Efendimin, "Git, izlerini temizle de dön!" dediği günün ardından çok zaman geçmedi ama vardığım her yerde, canımı vurduğum her yolda kan izlerimi, siyah siyah tabancaları, bavulları, tırıs giden, şaha kalkan, dörtnala koşan atları, zulmün beylerini, ağaçsız toprakları, derelerinde çocukların çimdiği çayırları, güvercin kovalamaya doymayan atmacaları, ellerinde bavulları, ellerinde çıkınlarıyla huzuru arayan insanları buldum. Efendime hürmet etmesem bu yolculuğa çıkar mıydım acaba? Tayinimin çıkacağı günü bekler, günü gelince ben de kayıplara karışır, bir hayalin peşinden gider miydim acep?

***

Babam gittikten iki gün sonra güneş devrilmiş, gün akşama kavuşmuş, biz de mezarlık tarafından kavak ağaçlarının arasından cılız ışıkları yanmaya başlayan köyümüze girmiştik. Yol boyunca dedem de anam da konuşmadı. Sanki dedem bana olanları anlamış gibi "Vah yavrum vah!" dedi birkaç kez. Belki de çaresizliğimizden, savrulmuşluğumuzdan, bu derbederlikten "vah" çekiyordu. "Kadere gücüm yetmiyor ki..." derdi anam. Belki o vakit dedem de "Gücüm var ama kadere gücüm yetmiyor," diye sığınamıyordu yere göğe.

Mezarlıktan geçerken dedem atını durdurdu. "Üç kulhü bir elham" okuduk. Anam uzun uzun baktı mezarlığa. Toprak kokusu vardı. Cenaze kaldırılmıştı.

Cemal'in babası yatalak hastaydı. Biz anamın köyündeyken Hakk'ın rahmetine kavuşmuş. İçim cız eti. Cemal bizi evlerine çağırmaya utanırdı. Öğretmen sınıfı gruplara bölmüş, her grup okul çıkışında sırasıyla bir evde o günkü ödevleri yapıyordu. Bir kere gittik Cemallerin evine. Babası girişteki büyük salonda yatıyordu. Yer yatağı sanki küflü gibiydi. Kızlar burunlarını kapatıp öyle geçmişlerdi içeri. Sidik kokusundan durulamıyordu evde. Cemal'in anasının önümüze koyduğu tereyağlı çöreğe, yoğurda, çaya Bedri'yle benden başka kimse el sürmemişti. Diğer çocuklar alelacele öğretmen korkusuyla ödevi yapıp kaçmaya çalışıyorlardı. Öğretmene şikâyet etmeyeceğimizi bilseler hiç durmazlar, Cemallerden hemen kaçarlardı. Grup sırası her Cemallerin evine geldiğinde ya bize ya da Bedrilere gidiyorduk artık...

Cemal, yaz kış sınıfta pencerenin önünde otururdu. Pencereyi açar tüm çocuklara inat orada otururdu. Cemal tütün kolonyası kokardı. Ama bir kere olan olmuştu işte...

Babası öldüğüne göre artık çocuklar rahatlıkla ödevleri yapmak için Cemallere de gidebilirlerdi.

Dedemin kucağında uykuyla uyanıklık arasında gidip gelirken mezar taşları çömelmiş, diz üstü, bağdaş kurmuş, alacakaranlıkta oturan insanlar gibi duruyorlardı. Akşam ezanı acıklı bir türkü gibi ovanın düzünde dört bir yana yayılıyor, sanki Cemalin babasına bir ağıt olup yüreğimi yakıyordu. Çayır biçen ırgatlar toplaşmışlar, tırpanlarını omuzlarına atmışlar, içlerinden bir ihtiyarın Kürtçe söylediği türkü kulağıma ninni gibi geliyordu. Burnuma taze biçilmiş acı çayır kokusuyla karışık toprak kokusu geliyor, ardından dedemin tabakasından çıkarıp muhtar çakmağıyla yaktığı sarma tütünü, soba başında uyuklarken burnuma gelen tezek kokusunu salıyor mezarlığa... Anam Karaca'nın önüne düşüyor, anamın başı önünde kaderinin peşinde, sanki bir tutsak gibi yürürken dağılıyor, ilerledikçe dağılan, azalan, ipince kalan bir dere gibi süzülüyor, ben altımı ıslatıyorum. Karaca huysuzlanıyor, mezarlıktan bir baykuş kalkıyor, dedem "Vah garip yavrum, vah!" diyor, ben Karaca'nın sırtında bir sağa bir sola salınırken göz kapaklarım düşüyor, ağzımın suyu akıyor, dedem zulmün beylerine, mavzerlere, simsiyah silahlara, ağa kamçılarına dokunan eli sıkıca kavrıyor cılız bedenimi, biz Bedri'yle güreşe tutuşuyoruz. Cemal aksayan ayağıyla dere kenarından koşturup geliyor, kavga ettiğimizi sanıp ikimize de esaslı birer tokat atıp, "Gücünüzü birbirinize kullanmayın aptallar!" diyor. Biz kahkahalarla gülüp Cemal'in üzerine yürüyor, onu alaşağı ediyoruz. Üçümüz birden dereye yuvarlanıyoruz. Sırtüstü yatıp gökyüzüne bakıyoruz, burnumuza çimen, çamur bir de tütün kokusu geliyor. Kalkmaya yekinen Cemal'i kaldırıyoruz. Üzerimizdekileri çıkarıp derenin derin yerine varıp suya giriyoruz. Elbiselerimiz tam kurumadığından evlerimize döndüğümüzde analarımızdan esaslı sopa yiyoruz. Bir düğünde cümle âlem abdallara para yapıştırırken, yerlere saçılan paraları kaçırıyoruz. Cemal'in elindeki beş yüz lirayı bir çingene çocuk kapıyor. Çocuğu kovalıyoruz. O kaçıyor, biz kovalıyoruz. Bedri çingeneyi yakalayıp dövüyor. Sırtında bohçası, yanında kızıyla bir kadın bağıra çağıra üzerimize geliyor. Bedri parayı da alıp Cemal'le kaçarken ben çingene kızın bakışlarında tutuklu kalıyorum. Kadın, elindeki sopayla bana vuruyor. Başıma arılar üşüşmüş gibi kollarımı sallaya sallaya kaçmaya çalışıyorum. Çingene çocuğun ardımdan attığı taşlar başımı yarıyor. Yüzüm gözüm kan içinde Cemal'le Bedri'nin de çingeneleri taşladıklarını fark ediyorum. Başımı derede yıkıyorum. Cemal parayı bana veriyor, "Çingene kızın, bir de akan kanımın hatırına." Gidip bakkaldan gazoz, kurabiye, lokum bir de samsun sigarası alıyoruz. Akşam üçümüz de babalarımız gibi tütün kokuyoruz. Analarımız yine sopa atıyor. Yatarken o kızın kim bilir nereye gittiğini düşünüyorum. Başka bir akşam muhtarın evinin dibine siniyoruz. İçeride televizyon varmış! Televizyonun içinde adamlar, adamların yanında Bedri'nin dediğine göre "fıstık gibi avratlar" varmış. Muhtarın fötr şapkasını Almanya'dan getirttiğini söylüyor Cemal. Bedri omzumuza basıp pencereden içeri bakıyor, "Vay anam vay!" dediğinde başımızı kaldırıp, "Sıramı alan kan kussun! İn lan, sıra bende," derken, muhtarın karısının Bedri'yi kulaklarından yakaladığını görüp sıvışıyoruz. Bedri biraz sallandıktan sonra kadının eline ağır gelmiş olacak ki paldır küldür düştüğünü duyuyoruz. Apar topar ardımızdan koşup geliyor.

"Adam değilsiniz oğlum! Sattınız beni," deyip küsüyor. Düğünden kalan Samsunları sakladığımız büyük çeşmenin üzerine çıkıp tellendiriyoruz. Bedri, "Adam kızı dudağından öptü!" deyince Cemal'le ben öksüre tıksıra, yalvara yakara "Nasıl öptü lan!" "Anlatsana..." diye pervane oluyoruz etrafında. Bedri görmediğimizi görmenin şımarıklığında "Anlatmıyom işte! Siz beni bıraktınız oğlum," diyor. Bu sefer de biz küsüyoruz. Yatarken televizyonu, içindeki adamların nasıl oraya girdiklerini, üzerimde bir takım elbise, karşımda çingene kızını düşünüp, tam öpecekken birden takım elbisenin içinde kayboluyor, kara kuru bir çocuk olup çingene kadının elindeki kiraz dalıyla beni dövdüğünü görüyorum. Değnek izleri sızlarken televizyona, öpüşen adamla kızı gören Bedri'ye, kadına küfür ediyor, yorganı başıma çekiyorum.

Uyuyamamıştım.

Yorganı üzerimden atıp dışarı çıktığımda anamı yazlıkta oturmuş, yaprak sararken gördüm. Köye geldiğimden beri doğru dürüst konuşamamıştık. "Oğlan, üstüne bir şey al! Gecenin ayazı çıktı," dedi. Ses etmedim. Askıdan montumu alıp yanındaki somyaya oturdum. "Şu zehri az içsen ne var?!" dedi yarı kırgın, yarı azarlı sesiyle sigaramı yaktığımda. Yıllar önce ilk sigara içişimde ağzıma tütün basmış, olmadı acı biber sürmüş, üstüne üstlük Emine Ebe'ye enfiye çektirip dua ettirmeye götürmüştü. Aradan bir ömür geçmişti sanki... Gözünde bir yakın gözlüğüyle yaprak sarması sararken ebem geldi gözümün önüne. Anam bizi döverken, gül sarması saran ebemin gözlerinde de yakın gözlüğü vardı. Babam Arabistan dönüşünde getirmişti.

5

Babam Arabistan'dan dört yıl sonra döndüğünde her şey unutulmuştu. Dedem, yufka yürekli adamdı. "Hayırsız oralarda ne yapar cahil başına?" derdi zaman zaman. Ebem, tek evladının derdinden akşam oldu mu dışarıda, ocak başında az ağıt yakmamıştı. Anam kocalık görmediği babamın yokluğunda daha bir garip, daha bir fukara, sığıntı gibi dururdu evde. Bizler "yetim gibiydik" köylülerin demesiyle. Babam geldi. Dedem oğlunun nasırlı ellerini avucuna alıp kokladı da kokladı. "Kâbe'ye de gittin mi yavrum?" dediğinde, babam mahcup, başını salladı sadece. Ebem "Vay hayırsızım vay! Bize Hatice Anamızın nefesinden, Muhammed Mustafa'nın kokusundan mı getirdin?" deyince, babam, dibi görünmeyen bir valizin içinden misk, amber kokularını, tespihleri, Kâbe resimli seccadeleri, eşarpları çıkartıp koydu önüne. İçerisi Arafat, içerisi İbrahim Aleyhisselam'ın oğlunun kokusuyla doldu... Elimde Zülfikâr'la Hayber Kalesi'ne hücum ediyor, bir omuz atıp, kırk yiğidin deviremediği zırhlı kapıyı deviriyor, Yahudileri dize getiriyor, Mekke'de Muhammed Mustafa Efendimizin önüne dizimi kırıp oturduğumda beni alnımdan öpüyordu...

Babam, dedemle ebemin gönlünü ettikten sonra odasına vardı. Biz çocuklar içeri dalınca üçümüzü birden kucaklayıp öptü, öptü, öptü... Sanki bir daha göremeyecekmiş gibi sarılmış, bırakmıyordu bizi. Benim gözüm siyah şifreli çantadaydı. Ağabeyimin gözü sigaraların ucunun göründüğü valizdeydi. Küçüğümüzse babamın ceket cebinde, gömlek cebinde ne varsa çıkarıyor bir yandan da, "Alman gofreti nerde?" deyi soruyordu. O akşam babamız önümüze dünyaları serdi... Bir "cemis bont" çantam, içinde saatli, tükenmez, keçeli kalemlerim, Casio14 saatim, defterlerim, misvağım...

"Saati ona verme baba! Kırılır mırılır da dişi kilitlenir sonra," dediğinde ağabeyim, ağzımın içi buz gibi olmuş, anamın köyüne girerken kurma düğmesini kırdığım Seiko5 gözümün önüne gelmişti. Yıldırımlardan korkup yıkıldığım sıra, saatimin kurma düğmesi yerinde yoktu! O gün korkudan anama söyleyememiştim. Yağmurda ıslanıp havale geçirdikten sonra da dilim iki hafta çözülmemiş, ağabeyim saati bozduğum için mahsustan konuşmadığımı söylemişti, her aklına saat düştüğünde. Dedem önce bana saat almış, o da hasetten hep başıma kakmıştı bozulan saati.

Anamın köyünden dönüşümüzün üzerinden iki hafta geçmişti. Daha dilim çözülmemişti. Bir akşamüzeri dedem şehirdeki bir akrabamızın arabasıyla kapının önüne gelmiş, arabanın bagajından somun ekmek, portakal, elma bir de kutu indirmişlerdi. Kutunun üzerinde "SHARP - 51 Ekran" yazıyordu.

O akşam Bedri'den fırsat bulamamış, televizyonu görememiştim. Ama artık bizim de bir televizyonumuz vardı. O akşam kutu açılıp televizyon çıkarıldı, alelusul anteni tandır damının üzerine kuruldu. Muhtar televizyona bakıp, kendisininkinin maharetlerini anlatırken bizimkini ayarladı. Biz ekranın içine düşecek gibiydik. Muhtar, "Gözleriniz bozulur uşaklar, az geri gidin!" derken, adamı dövecek gibi bakıyorduk. "Karlandı, puslandı, aha çizgiler geldi," derken arada bir televizyonun içinde kocaman bir saat görünüp görünüp kayboluyordu. Muhtar saatine bakıp, "Daha vakti gelmemiş, saat sekizde açın, ayarı tamam!" deyip televizyonu kapattığında kalakaldık! Sanki bozuktu. Sanki kandırılmıştık. Dedem, "Ajans saatinde başlıyorlarmış," dediğinde biraz rahatladık ama muhtarın bizim televizyonu sevmediğini, bizim de onu sevmediğimizi biliyorduk. Ağabeyim mahsustan, "Kaç dakka var!" deyip, saatimin bozuk olduğunu bildiği halde bana soruyor, ben de bir kolumdaki durmuş saate bir duvar saatine bakıp ne kadar vakit kaldığını elimle işaret ediyordum.

Dedem, televizyonun açma düğmesine bastığında evin içini gür sesleriyle askerlerin söylediği İstiklal Marşı doldurdu. Hepimiz ayağa kalkıp marş bitene kadar hazır olda bekledik. Yerimize otururken askerlerin yürüdüğünü fark edip, "Anaa! Askerler yürüyü..." dememle bütün gözler bana döndü... "Valla billa! Resimler kımıldıyı ya..." diyordum. Anamın elindeki boş sofra sinisi yere düştü, ebem ellerini kaldırıp, "Ya Rabbim çok şükür sana!" dedi. Dedem, "Söyletene kurban!" deyip beni kucakladı. Köyde ajans haberlerinin ilki "Çavuşun torununun dili çözülmüş," "Televizyon onlara uğurlu gelmiş," oldu. İki gün geçmeden ajans haberlerini de askerler okumaya başladılar! Sakalsız, bıyıksız, dedem yaşında adamlar bir masanın etrafına oturmuşlar, arkalarında kıpkırmızı bayrak, şapkası en büyük olanın elinde bir kâğıt, kulağımda "ihtilal" sözü...

Dilim ihtilal sırasında çözülmüştü ama sağ olsun ağabeyim, dört yıl sonra bir ay sürecek bir kekemeliğin kucağına itmişti beni, kolumda Casio14 pilli bir saatle. Dallas'ı ve kovboy dizilerini ilk seyrettiğim sıralarda kekemeydim ve ağabeyim beni Ceyar'a kendini de masum Babi'ye benzetiyordu. Ceyar, kötüydü ama karısı Suel'ın, güzeldi işte... Henıbıl Heys ve Kit Köri'yi Bedri'yle seyrediyorduk, Cemal ise kasabanın iyi yürekli topal şerifi oluyordu.

Babamın Arabistan'dan geldiği sene yaz tatilinde Dallas bitmiş, Hayat Ağacı ve Küçük Ev başlamıştı. Henibıl Heys ve Kit Köri de görünürde yoktu. Ama bir yığın kovboy filmiyle birlikte, Cüneyt Arkın filmleri vardı.

Filmlerin evimize girmesinden sonra anam ne masal anlattı ne de babasının evine sığındı. Arabistan sonrası bir kız kardeşimiz olmuştu! Babam Arabistan'dan döndükten sonra da gurbete gidecekti. Ağabeyimi de uzun zaman yanında götürecek, bayramdan bayrama geleceklerdi köye. Bense okuyacak, adam olacaktım.

***

Uzun farlarını yakmış araç, ovanın ortasında mum gibi duruyordu. Aracın içindeki adam iki hafta önce bir iftar sırasında kulağıma eğilip, "Efendi gitsin, izlerini silsin de gelsin," diyen Bedri'den başkası değildi.

Gecenin alacakaranlığı devrilmiş, hava bakıra çalıyordu. Köyle araç arasındaki yol uzadı da uzadı. Bu yol, Susuzkuyu yolu beni düş kırıklıklarıma, beni çocukluğuma, beni ilk gençliğime, beni okul gezilerine, beni hocalara muska yazdırtmaya götüren yoldu. "Gece gece mezarlıktan geçme! Ne olur ne olmaz..." derdi anam, ebem, köyün kadınları. Geceleri mezarlıktan bir ışık çıkar, bir yıldız gibi kayar, gebe kadınlar bebeklerini düşürürlerdi yıllar önce. Karlı kış gecelerinde yolda kalmış yolcuları cinler taşa tutarlar, donmuş cesetleri günler sonra bulunurdu gariplerin. Ne çok korkardık o zamanlar! Hep yorganı başıma çekerdim anam ya da ebem Susuzkuyu'nun cinlerini anlattıklarında. Alışkanlık işte, yaz günlerinde bile nevresimi başıma bir cesedi örter gibi çekmeden yatamıyorum.

Bizi şehre bağlayan yoldan öğleden sonraları dönerdi Karayılan. Karayılan, Bedrilerin Ford minibüsüydü. Rıza Emmi köylüleri şehre götürür getirirdi. Dedem şehre gitti mi, gözümüz Susuzkuyu'dan çıkıp gelecek Karayılan'ı beklerdik sabırsızlıkla. O şehir yolunun virajını aldığında, tam da Bedri'nin aracının durdurduğu yerden köye doğru kıvrıldı mı somun ekmek, gofret, portakal, hasır şapka, Bursa işi çakılar serilirdi önümüze... Ama biz önce yoldan gelen dedemin yüklerini taşır, o çalkama dedikleri buz gibi bir ayranı içtikten, ferahlayıp "Çok şükür, adamın evi gibisi yok," dedikten sonra elini öper, bozuklukları cebe indirirdik. Ardından, somunun içine helva yatırması için anamıza yalvar yakar olurduk.

Şehir yolundan gelen Bedri'ydi ve yükü de somun ekmek, helva hiç değildi!

Susuzkuyu'dan elinde çantasıyla baharın, bir adam yayan yapıldak geliyorsa, Bedri öğretmene bakar, koşa koşa, gelen adamı karşılamaya giderdi. Gelen müfettişti. Kaç kere o sünnetçi çantasıyla gelmişti müfettiş... Cemal, pencereden bakıp, geleni görünce toparlanmaya başlar, "Öğretmenim karnım ağrıyı," der, çeker giderdi. Cemal tütün kolonyası kokardı ki ne bilsin müfettiş Cemallerin evinde yatalak hasta olduğunu, hastanın odasının sidik koktuğunu? Birleştirilmiş sınıfların birleştirilemeyen acılarını yüklenip giderdi Cemal...

Hep aynı müfettiş geldi okulumuza. Tanırdı bizleri. Bir seferinde de Cemal'in neden okulda olmadığını sormuştu yoklama kâğıdına bakıp. İsmail vardı... Cemallerle onlar eskiden düşmandılar. "O sidik kokuyu da öğretmen gönderdi!" demişti. Öğretmen kıpkırmızı almış, çocukların çoğu kikirdemişler, Bedri'yle ben de teneffüste döveceğimiz İsmail'e kötü kötü bakmıştık.

O sene Cemal'i kardeş, İsmail'i de can düşmanı bellemiştim. Kitaplığın anahtarını anamın köyünde kaybettikten sonra öğretmen kitaplığı İsmail'e teslim etmişti. Öğretmen bana anahtarı sorduğu sıralarda konuşamıyordum. Benim yerime Bedri başıma gelenleri duyduğu kadarıyla anlatmış, öğretmen de havale geçirdiğimi öğrendiğinde ıslanınca başımıza gelenleri öğrenmemiz için bir civciv getirmemizi istemişti. Sapsarı, insanın içini delen sesiyle civciv sınıfa getirildiğinde öğretmenin yanında bir sürahi dolusu su vardı. Bir tenekenin içindeki civcivin üzerine sürahideki suyu boşattılar! Kekliğimi Kaçırdılar, Kekliğimi Vurdular, Yıldırım Beyazıt'ı Bir Kafese Koyup İnsanlara Vahşi Bir Hayvanı Seyrettirir Gibi Seyrettirdiler. Vurdular Cemalımı, Üzerine Benzin Döküp Kor Ateşte Dağladılar. Erzincan Depreminde Binlerce Vatandaşımız Öldü. Kore'de Şehit Olan Mehmetçiğin... Kıbrıs Harekatı'nda Rumların Türk Köylerini Yaktığı...

Tir tir titredi civciv. Sesi ağıttan fazlaydı, eksik değildi. O titredikçe, öğretmen "Böyle olursunuz," dedi. Civciv titredi, öğretmen "Böyle olursunuz," dedi. Dedi... Dedi... Civcivin sesi çıkmaz, boynu yere düşer olduğunda "Güneşe çıkarın onu," emriyle mahkum civciv güneşe çıkarıldı. Öbür teneffüste sapsarı bir tüy toprağa yapışmış yatıyor, müfettişe cevaplar veren öğrenci müfettişten aferinler alıyor, öbür gün öğrenci bir soruyu bilemeyince öğretmenden azar işitiyor, öğrencinin daha öğrenecekleri olduğundan Çerçi Cuma'dan leblebi alan dedesi öğrenciye elindekileri verirken İsmail, "O soruyu bilemedi ki," deyince dedesi leblebileri yere saçıyor, öğrencinin anası yağmur, fırtına, yıldırım dolu bir gecede evinden kaçıp sığındığı evde "İki aylık piçinle gittin ya," sözünün keskin uçlarıyla etini parçalıyor, öğrenci okul kitaplığının camını kırıp Falaka'yı, Diyet'i, bir de Kaşağı'yı çalıyor.

Öğrencinin sonraki havaleleri ilk havalesinin süreği olup orada buzların ortasında kuyruğuna, kurt düşmüş bir koyun gibi uğunarak dolaşacak, koyun nasıl ki dedenin gelip, yaraları temizleyip, kuyruğa katran, kireç bir de ekin ilacı dökeceğini umut edip meleyecekse, öğrenci de havaleye dönmüş ömrüne şifa olacak diyeti ödemek için savrulacaktı.

Köyden Bedri'nin aracına savrulmuş gibi gittiğimi hayli vakit sonra anladım. Yoldan çıkıp gah tarlaya, gah çayırların suyuna bata çıka varmışım aracın yanına. Derede birlikte, yıkılıp sırt üstü gökyüzünü seyrettiğimiz günkü gibi aracının üzerine uzanmış, gökyüzündeki son yıldızlara bakıyordu Bedri...

Bu arabayla tam bir yıl önce bir kız kaçırmıştık. Başka çıkar yolumuz kalmamıştı. Cemal'i yalnız bırakamazdık. İşini kurmuş, evini almış, anasının elini sıcak sudan soğuk suya değdirmeden kız kardeşlerini evermiş, köyde kalan son tarlayı da sattıktan sonra iyice kök salmaya başlamıştı İstanbul'a. Geriye dönüp baktığında verecek hesabı kalmamıştı köye ya artık yaşı da almış başını gitmişti işte. Bana çok sorardı, "Nasıl?" diye. Evliliği kastederdi. "Sana yakışır!" derdim her sorduğunda. Yakışanı bulmuştu. Anası babası çoktan göçmüş, edebi dairesinde, dört duvar kardeşinin evinde, kısmetinin gelmesini bekleyen bir güzel... Ağabeyi kızı vermediği gibi, üstüne üstlük bir de, "Başbakan bile olsa topala kız vermem!" deyince, şarteli atmıştı Cemal'in. Yalova'dan bir gece yarısı çıktığımızda geride baba evini değil de cenaze evini bırakır gibi ağlıyordu kız... O ağladıkça Bedri, kızın ağabeyinin arabasının tekerlerini bıçağıyla söndürmesine gülüyor da gülüyordu... Cemal'se kızıyor, "Oğlum, adamın kardeşini kaçırıp zaten can evinden vurmadık mı? Ne diye tekerleri bıçakladın?" diyordu. Ben yine havale makamındaydım... Kızın halini düşünürken sanki kaçırılan benmişim gibi susup kalmıştım.

Bir keresinde de Cemal, ofisindeki bilgisayarını değiştirdiğinde, Bedri'nin arabasının arka koltuğuna eskisini koyup bana getirmişlerdi. Tam da bir zamanlar bilgisayarın olduğu koltukta şimdi Cemal'in bastonu upuzun duruyordu! Sanki sırtıma bir baston yemiştim! Daha ilkokuldayken Cemal kazadan sonra kalkıp koltuk değneklerine yaslanarak köye getirildiğinde de böyle olmuştum.

Kamyonlar buğday taşırdı...

Biz çocuklar, kamyonların yavaş gittikleri yerlerde kasalarına tırmanır, alabildiğimiz kadar buğdayı torbalara doldurur, gece yarısı bakkal sahibini uyandırır canımız ne çekerse onu alırdık. Aslında canımızın çektiği olmazdı da gazoz, kurabiye, lokumdan gayrısı pek satılmazdı bakkalda.

Bedri bana haber vermemişti. Cemal'le öteki çocuklar varmış.

Cemal varıp yol kıyısındaki bir sap demetinin atına yatmış. Gelecek kamyonu beklerken uyuklamış. Ala uykulu şoför, yoldan çıkıp, biçilmiş tarlaya girdiğini bir çocuk çığlığıyla anlamış.

O gece çocukların torbaları boş döndüler köye.

Bedri o gece Cemal'i çağırdığına hep pişman oldu.

O geceden sonra Cemal'e karşı hep suçluluk duydum. "Ulan, yanında olsaydım keşke!.." diye içim içimi yedi.

Sağ bacağını kesecek olmuşlar... Anası, "Olmaz!" demiş. "Zaten bir yatalağım var. Oğlumu tek bacaklı görürsem kahrımdan ölürüm."

Ne güzel gülerdi Cemal! "Gardaş! Onu bunu takma kafana... İnsandan doğan insan, hayvandan doğan hayvan olurlar," derdi ben dertlendiğimde. En çok da koltuk değneklerine yaslanarak okula geldiği günkü gülümsemesi dipdiri duruyor gözümde... Sanki harpten gelmiş gazi gibiydi! Bir madalyası eksikti. Rahmetli dedem, ruhu şad olsun, Cemal'i madalyasız bırakmadı. Cemal'i her gördüğü yerde Karaca'nın sırtına alıp harp malulü gibi köyde dolaştırdı. Evimize geldiğinde balın süzülmüşünü, koyunun çekiştirmeli etini hep Cemal'in önüne sürdü... "Gariptir. Allah, garipleri de garipleri sevenleri de sever," derdi.

Çiçekdağlı Ağa, babam arazi davasına hapse alındığında ne yapıp edip babamı getirdiğinde akşam bizde kalmış, yıllar önce odanın ortasına attığı tabancayı dedem geri vermek istediğinde, dedemden silahı almak istememiş, Çiçekdağlı Ağa ise, "Çavuş! Ayıbımızı yüzümüze vurma! O silah gayrı benim değil... Müdürün de günahını almıştık zati. Senin hayırsıza armağanımız olsun," deyip, tabancayı bırakmıştı. Olacak var ya, televizyonda "Türk Halk Müziği Konseri" var. Can Etili, Gülşen Kutlu, Bedia Akartürk, Ümit Tokcan, Nida Tüfekçi, bir de sanki bizim köylü bir esmer güzeli kadın arka arkaya türküler söylüyorlar. Esmer güzeli kadın: "Elimde kaldı gelin kınası / Bilmiyorsun can yarası / Gitme gülüm ötesi yok

/ Aşk bu köyün son durağı / Aşk bu gönlün son durağı," diye nakarat ettikçe, Emmi ağlıyordu...

O kara tabancayı, artık kullanmadığımız siyah ışıklı radyonun içine saklamıştı dedem. Ulan Bedri! Yine aklıma girmişti. İlla da görmek istiyordu tabancayı. O, silah isimlerini biliyor, resimlerini topluyordu. Ben tabancayı tarif ettikçe o otuz sekizlik diyordu, çokbilmiş! Tepenin ardındaki kuyunun yanında beni bekliyorlardı. Evde kimsenin olmadığı bir sırada korka korka radyonun arka kapağını açtım. Tabanca bir tülbentle sarılıydı. Sanki peşimde çingene kadın vardı da kaçıyordum...

Yıllar önce Karaca'yla tayının düşüp boğuldukları Tepegöz'ün tek gözü gibi içimi ürperten kuyunun yanına vardığımda üçümüz de liseye başlamıştık. Bedri ülkeyi kurtarmak için ne lazımsa yapacak; Cemal, anasının yüzünü yere yıkmayıp kızlara sahip çıkacak; bense, bir gün anamı babamın elinden kurtarıp kimsenin bilmediği çok uzaklara gidecektim.

Tülbentin içinde kurşunlar da varmış. Bileydim getirir miydim?!.

Kuyudan sızan bir küçük akar vardı. Tamda akarın kıyısındaki şeker dikenlerinden birinin üzerine kovanından kaçmış arılar oğul vermişlerdi.

Bedri'yi kıramamıştım. Birkaç güne kadar köyden gidecek, belki aylarca birbirimizi göremeyecektik. Şehirde bir ev tutsalar da anlarımız zaman zaman gelip başımızda dursalar, dedik ya Cemal tuttu İstanbul'daki bir fen lisesini kazanınca işler değişti. Bedri'yi de Aydın'daki polis dayısı yanına alınca dedem tutup beni bir yurda yazdırdı.

Bedri otuz sekizliğin içine teker teker mermileri yerleştirip nişan almaya başladı. "Henıbıl Heys ve Kit Köri. Batının en azılı kovboyları. Hiç adam öldürmediler ama çok tiren soydular!" derken, şeker dikenindeki arıları gördü. Görmez olaydı! Altı kurşunu da arıların üzerine boşalttığında ovanın düzünde ne kadar hayvan varsa yerinden oldu. Kuşlar deli bir uçuşla daha uzaklara kondular. Gelengiler başlarını toprağa gömdüler. Tilkiler deliklerinde tedirgin, birbirlerine sokuldular. Kuyunun kıyısındaki kurbağalar suya atladılar. Bıldırcınlar sapların altlarına sindiler. Uyuşmuş yılanlar bile uykularından uyanıp dere yatağına aktılar.

Arıların cümlesi birden üzerimize hücum edince biz iyi kovboylar fena kaçmaya başladık...

Akşamüzeri yüzü gözü şişmiş, topallaya topallaya, bir koltuk değneği kırılmış Cemal bizim kapıya gelip, beni çağırdığında utancımdan kıpkırmızıydım. Tülbente sarılı tabancayı bana verirken dedem gördü! Hiçbir şey demedi rahmetli. Akşam sofradayken, bir bakraca bal koymuştu, bana uzatıp: "Bunu Cemallere götür oğlum. Garip ama yiğit çocuk o!" demiş, okulunda harçlık etsin diye de o zamanın parası beş bin lira vermişti. Eğer tabanca da işe yarar, Cemal'e yakışır bir şey olsaydı, dedem, tabancayı da ona verirdi ya vermedi. Cemal'in hatrına bana bir şey demedi ama... Haydi, varsın gitsin!

Bedri bir şeyler söylüyordu:

"Beni at
Uçsuz bucaksız bir bozkır olayım
Koynunda dereler kaynayan
Çocukluğumun çimen kokularına bulanayım
Bana bir mektup at
Açtığımda eski hesaplar olmasın içinde
Yeni bir hayat da olmasın
Geç de olsa

Bir selam olsun işte
Tüm müsveddeleri ve gidilmedik ziyaretleri at
Kendi kendine yanan bir soba gibi
Cayır cayır yanan gönlüme
Ben atmışsam bir kilit
Durma bir kilit de sen at
Açan; kapayan
Elinde bir deste anahtarla
Hangi adam
Açabildi ki çocukluğunun bozkırına
Gönlünün ayaz kırmış sıcağına açılan kapısını?"

Köye gelirken telefonumu kapatmıştım. Cemal bu şiiri yazıp ulaştıramayınca, Bedri'ye göndermiş... Sanki olacakları biliyormuş gibi. "Ona okursun," demiş.

Bedri konuşuyordu. Zaten sustuğuna şahit olmamıştım, hiç üçümüzü bir arada görenler "Bir topal, bir lal, bir geveze," derlerdi. Diliyle dünyalar kurar, dünyalar yıkardı ama boş konuşmazdı.

"Farkında mısın?" dedi. "Dünya sarsılmaz bir inatla dönüyor. Daha iki aylık bebeğini doya doya koklamadan kalp krizi geçirip ölenlere inat dönüyor!"

***

Efendim, "Bozkırın kalbindeki ağıttan çıkar, getir o'nu!" demiş Bedri'ye...

Durdum.

Bozkırın tam ortasındaki bir karaçalı gibi kalakaldım.

Rüzgârın önünde fanussuz mum yakandım...

Selin önüne çerden çöpten ev kurmaya kalkandım...

Anamın sonunda doğrusunu anlattığı o hikâyedeki, Gelin Kınası'ndaki damattım.

"Kayalıklardan aşağıya düştüğümde beni tutan adamların kömür karası saçları güneşte parlıyordu. Gözleri ışıl ışıl, yüzleri buğday mıydı?

Bellerinde kılıç kısası hançerleri, ellerinde kurşun karası...

Düğün alayından çığlıklar mı geliyordu: 'Uçtu! Erenlere karıştı! Haydi gayrı bu düğün dernek dağıldı!'

Bellerinde sıra sıra fişekleri, sıradağların üstünde atmacalar gibi dururlardı ne güzel! O adamlar ki kartal bakışlarıyla bir bakıp kırığımı çıkığımı kaynatıp dağ bayır yanlarına katıyorlar... Dilsizim."

Düğünü derneği dağılmış, iki aylık hamile bir gelin dellenip düz ovada yolunu sapıtıyor... Kurdunan kuşunan yaren, yoldaş olup kara dağlara sırtını verdiğinde: "Gariptir, yanımızda yöremizde olsun," diyen, bellerinde sıra sıra fişekleri, kuşaklarında çok adam doğramış hançerleri olan adamların "garip bacısı" oluyor. Adamlar, kayalıklardan bir güvercin gibi düşen dilsiz oğlanın yanına garip bacıyı katıyorlar... Gün gelip de bebek bir dağın kartallara, kurtlara, tilkilere yuva olmuş ıpıssız bir mağarasında doğduğunda, gelin, dilsizi can yoldaşı belliyor. Dilsiz, bebeği gördükten sonra biliyor garip bacının kim olduğunu... Gel gör ki delirmiş bir geline dilsiz bir damat ne anlatabilir ki?..

Bedri, "Baban," diyor, "konuşmazdı. Konuşturmazlardı... Sen de konuşmadın adamla be hayırsız!"

Döndüm, babam vardı Bedri'nin ölüm görmüş yüzünde.

Döndüm, çıplak köylü çocuklarının suya çimdiği kuyuda Karaca'yla tayının kişnemeleri vardı.

Döndüm, dedemi Karaca'nın üzerinde mezarlığa dönmüş dua ederken gördüm.

Döndüm, babam anamı öldüresiye dövüyor, birbirlerine "ömrünün sebebi" diye bağırıyorlardı...

Döndüm, döndüm, durdum!..

Sonra birden keskin tütün kolonyası kokusuyla Efendimin su gibi duru, helal ekmek kadar bereketli tebessümüyle, yüzü yüzüme, gönlü gönlüme dönük suretini gördüm.

"Giden gün ömürdendir efendi!" dedi.

Gözlerimi yumdum: "Canım yanıyor Efendim!" dedim.

"Yanan can yeğ olur efendi! Yansın ki buğday tanesi gibi kavrulup can ateşinde... Olan olur efendi!" dedi.

"Tut elimden Efendim!" dedim, o, elime Cemal'in bastonuyla bir çapa verip, "Git, bahçenden çıkma efendi!" dedi. Sendelediğimde yaslanacağım bir bastonum vardı artık.

Sırtımı bir portakal ağacına yaslayıp "Şükür!" diyene kadar çapamı ayrık otlarının köküne köküne salladım.

Her rüzgâr çıktığında, Efendimin bir pınar gibi içime akan sesiyle, portakal bahçesinde gezinen sözüne kulağımı verdim:

"Dinle!"*

* Bişnev: Mevlana Celaleddin Rumi. Mesnevi'nin ilk kelimesi.

SON SÖZ

"Üç vakti öğreneceksin," dedi Adam. "Korkudan donup kalacağın vakti. Ağlamak isteyip de bir dindar gibi ağlayamayacağın zamanı. Karar verememenin tüm iliklerini sarstığı iyi ile doğrudan birini seçme vaktini."

Alametler Kitabı'nı okur ve uçsuz bucaksız bir ata binerdi. Hz. Ali Cenkleri'nden fırlamış bir kahraman kadar cüsseli, kâfire saldıran mümin bakışında gözleri vardı. Ben tuttum sözlerini aldım. Masaldı. Hepsi hikâyeydi. Gözlerine bakıp da anlattığı dünyaya kanardım. Bu çok uzun bir zaman önceydi.

Kitaplarımı sattım. Durduramadım. Düşünmeyi haram kıldım kendime. Bakmak vardı, görmek yoktu oysa. Gözlerinde kaybettiğim bir dünya vardı Adamın. Çekip gidenlerden kurdum dünyamı ben de. Kalanları, kaybettiklerimizi anlata anlata usandırdım. Bir ölü zaman doğurdum durduk yere. Ve damarlarıma zerk ettiğim sıvı, yılanlar doğurdu. Kör bir kuyu gibi suyumu gözledim. Bir de köy kızları geldiler, bolca taş attılar "Körkuyu" deyip kaçarlarken. Kedi ölülerinden sonra canlı canlı tavuklara da mezar oldum. Küçük çocukların çığlıklarını hapsettim içime. Bir de günahkâr çiftler geçti içimden. Kirlerini içime döküp gidenlere eklenen kar ve yağmur sularına çok içerledim. Kör bir kuyu ne kadar kıskanırsa gebe bulutları, o kadar haset ettim durmadan su taşıyanlara.

Ve o Adamdan bana kalan son nasihate uydum. "Bir ırmak gibi yoklaya yoklaya bul yolunu evlat. Kafanı vura vura açacaksın gideceğin yolu!" Ve geçtiğim yolda bıraktım kan izimi.